BLANCHE

D'AQUITAINE

TRAGÉDIE EN CINQ ACTES.

IMPRIMERIE DE JULES DIDOT AINÉ,
RUE DU PONT-DE-LODI, N° 6.

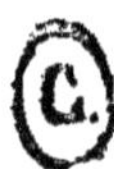

BLANCHE

D'AQUITAINE

OU

LE DERNIER DES CARLOVINGIENS

TRAGÉDIE EN CINQ ACTES

PAR HIPPOLYTE BIS

Représentée pour la première fois sur le Théâtre français
le 29 octobre 1827.

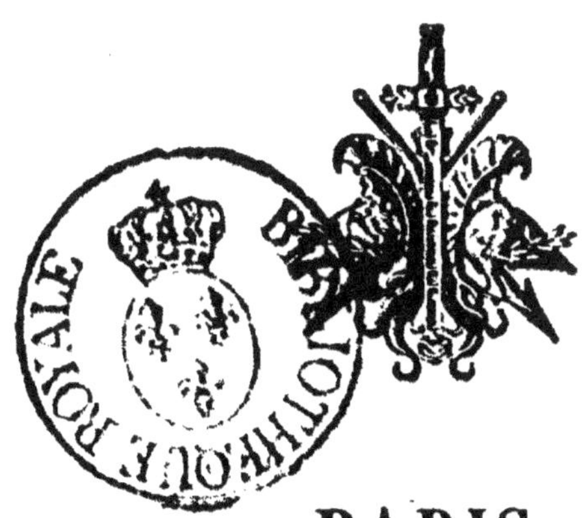

PARIS
CHEZ L. TENRÉ, LIBRAIRE-ÉDITEUR,
RUE DU PAON, N° 1.

1827.

PERSONNAGES.	ACTEURS.
	MM.
LOUIS V, roi de France.	FIRMIN.
HUGUES CAPET, comte de Paris.	LIGIER.
CHARLES, duc de Lorraine.	JOANNY.
GONTRAN, ministre du roi.	SAINT-AULAIRE.
ADHÉMAR, capitaine des archers du roi.	DUMILATRE.
GEOFFROY, homme d'armes à la suite de Hugues.	LAFITTE.
UN SERF.	DELAISTRE.
BLANCHE, femme de Louis.	Mlle DUCHESNOIS.
ÉMINE, reine-mère.	Mme VALMONZEY.
ISABELLE, princesse d'Aquitaine, sœur de Blanche.	Mlle BROCARD.

GRANDS DE LA COUR, DAMES D'HONNEUR D'ISABELLE, VASSAUX, PEUPLE, GARDES, etc.

La scène se passe à Laon (an 986).

Le théâtre représente la grande salle d'un palais gothique. A travers les arceaux on aperçoit une chapelle : sur l'avant-scène s'élève la statue de Charlemagne.

BLANCHE D'AQUITAINE

TRAGÉDIE.

ACTE PREMIER.

SCÈNE I.

CHARLES, GONTRAN.

CHARLES.

Des fils de Charlemagne, ô vous, humble héritage,
Palais où se berça l'orgueil de mon jeune âge,
Murs de Laon, noble France, enfin je vous revois!...
La reine-mère, Émine, ose y dicter des lois;
Et Louis, de ses flancs sorti pour ma ruine,
Et Blanche, épouse-reine, aussi fière qu'Émine,
Sont les maîtres d'un trône où Charle est étranger!
Sur tant d'affronts, dis-moi, puis-je t'interroger?
Sommes-nous seuls, Gontran?...

GONTRAN.

Oui, Charles de Lorraine
Ici peut librement laisser parler sa haine.
Blanche, au fond du palais dévorant ses ennuis,
Dédaigne en son orgueil de paraître où je suis;

Le jeune roi dans Reims, sa douteuse conquête;
Émine tout entière aux projets d'une fête
Où les flatteurs du prince, où les grands de la cour
Vont d'un laurier menteur couronner son retour;
Enfin ce sombre autel, ce tombeau solitaire,
Tout de notre entretien assure le mystère.

CHARLES.

O toi, mon conseiller, mon guide, mon ami,
Ministre d'un roi faible, et monarque à demi,
Tu veux qu'aux murs de Laon ma fierté se ravale
Jusqu'à voir de Louis la pompe triomphale!
Pourquoi, flattant mes vœux du suprême pouvoir,
As-tu trompé dix ans ce légitime espoir?
Du premier des Louis jusqu'à Louis mon père,
Sous vingt rois, mes aïeux, le sceptre héréditaire,
Toujours se divisant en partages égaux,
De notre tige antique étaya les rameaux.
Mon père, violant ces lois du diadème,
Par qui tout fils de roi doit être roi lui-même,
Aveugle sur mes droits, ne vit qu'un premier-né,
Et de Lothaire seul le front fut couronné.
Séduit par tes conseils, je combattis ce frère;
Mais aux bords de l'Escaut le sort me fut contraire.
Dans Reims, de la révolte allumant les brandons,
Tu guidas ma fortune au but où nous tendons:
Mon règne allait surgir ..... discordes civiles,
Et le sceptre échappait à des mains inhabiles:
Oui, contre un frère mort mon bras se soulevant
Dans son frêle héritier l'eût retrouvé vivant.

Que dis-je! il suffisait pour laver mon outrage
De laisser la douleur achever son ouvrage.
Louis, dès le berceau luttant contre la mort,
Use un reste de vie à tenter cet effort;
Sa langueur de longs jours lui ravit l'espérance,
Et semble de son lit s'étendre sur la France.
Si la rébellion avait vaincu pour nous,
De son front, par pitié, je détournais mes coups:
Sa couronne tombait avec sa chevelure,
Et de sa vie un cloître eût caché la torture:
Vaine attente! il triomphe, et le palais natal,
Gontran, ne me revoit qu'à titre de vassal!

GONTRAN.

De douleurs épuisé, Louis n'est pas à craindre;
Le flambeau de ses jours d'un souffle peut s'éteindre.
L'hymen à ses desirs refuse un héritier;
Grace aux dédains de Blanche, il mourra tout entier.
Mais de Hugues Capet l'ascendant vous menace,
Lui seul de vos aïeux vous dispute la place;
Dans sa munificence on dirait que le sort
Veut reproduire en lui tous les rois dont il sort.
C'est Raoul, c'est Robert, c'est Charles sans couronne.
Il peut la ressaisir si le peuple la donne;
Et, nous le savons trop, des exemples nombreux
Attestent chez les Francs un droit si dangereux.
Qu'une immuable loi, que la seule naissance
Lègue aux rois désormais la suprême puissance.
Hugues, près de Cambrai vous arrêtant jadis,
Osa placer son glaive entre vous et Paris:

C'est un crime!... A vos pieds que le rebelle tombe,
Et puisqu'avec ses droits Lothaire est dans la tombe....

CHARLES.

Plus bas!... D'un doute affreux mon esprit prévenu...
L'auteur de ce trépas ne t'est-il pas connu?

GONTRAN.

L'auteur?

CHARLES.

Pour mieux frayer ma route vers l'empire,
N'aurais-tu pas osé?...

GONTRAN.

Moi, seigneur!

CHARLES.

Je respire.
Fratricide par toi, plus que toi criminel,
Que d'or il m'eût fallu pour désarmer le ciel!
Cette mort à mon ame imposait quelque gêne;
J'en peux goûter les fruits sans en porter la peine.
Poursuis.

GONTRAN.

Lothaire mort, Louis voulut régner;
Mais chacun du pouvoir prit soin de l'éloigner:
Et sa mère, et sa femme, et le comte, et moi-même
Qui convoite pour vous la puissance suprême,
Nous nous en disputons les précieux lambeaux.
Il est temps qu'au pouvoir vous marchiez sans rivaux.
Perdons, en illustrant le jour qui nous rassemble,
Le comte de Paris, Blanche et Louis ensemble.

CHARLES.

Comment?

GONTRAN.

Né de l'orgueil, un criminel amour,
Vous le savez, seigneur, vous livre cette cour.
Blanche, n'obéissant qu'à sa flamme adultère,
D'un trépas impuni prétend venger Lothaire,
Et faire retomber sur la mère et le fils
Un crime qu'en secret Hugues seul a commis.
Laissons germer par-tout les doutes qu'elle sème,
Tandis qu'en même temps nous la perdrons : elle aime :
Et Louis, à-la-fois crédule et soupçonneux,
D'un hymen flétrissant répudiera les nœuds.

CHARLES.

Mais Hugues?...

GONTRAN.

Blanche est reine; il répond à sa flamme.
Ma haine a deviné les secrets de son ame :
Et pour forcer Louis d'en sonder la noirceur,
De Blanche, en ce palais, j'ai fait mander la sœur.

CHARLES.

Quel rapport?...

GONTRAN.

Vous saurez quel piège je prépare.

CHARLES.

Othon, mon allié, pour mes droits se déclare;
Il m'assure l'appui du Germain belliqueux :
Notre haine est commune, on nous vainquit tous deux.

GONTRAN.

A l'empereur Othon devoir le diadème!

CHARLES.

Comment secouer seul le poids de l'anathème?
Comment d'un meurtrier punir les attentats,
Et retrouver Paris au sein de mes états?
Pour que Rome me craigne et que Hugues périsse,
Il faut que ma grandeur ait un roi pour complice.

GONTRAN.

D'un secours étranger pourquoi vous affaiblir?
C'est à vous seul de vaincre, à vous seul de punir.

CHARLES.

Ma haine attend. Ami, quand triomphera-t-elle?

GONTRAN.

Aujourd'hui, si le roi subit votre tutelle.

CHARLES.

Je t'entends : sous ses coups Hugues succombera.

GONTRAN.

Non, seigneur, c'est Louis qui d'abord périra.

CHARLES.

Achève : qu'en mon sein tout ton secret s'épanche;
Qui perdra mon neveu?

GONTRAN.

Reposez-vous sur Blanche;
Son amant en péril répond d'un grand forfait.
Et vous, d'un crime utile acceptant le bienfait,
Frappez, frappez alors, au gré de votre haine,
Un perfide adultère, une coupable reine;
Et resté seul debout, le front victorieux,
Roi, ceignez le bandeau que ceignaient vos aïeux.

SCÈNE II.

CHARLES, GONTRAN, ADHÉMAR.

ADHÉMAR, *à Gontran.*

A travers la forêt on voit briller des armes.
Faut-il que le clairon, que le beffroi d'alarmes,
Sur nos remparts déserts appellent nos soldats?
Puis-je à leur juste ennui promettre des combats?

GONTRAN.

Non, Adhémar; toujours trompant votre courage,
Hugues, dans ses succès, ne veut point de partage;
Et son superbe orgueil, du roi même jaloux,
Le condamne sans doute au repos comme nous;
Il le renvoie aux jeux d'une frivole enfance.

CHARLES.

Déja Louis!

GONTRAN.

Seigneur, ce serait une offense,
Que de ne point voler au-devant de son char.

CHARLES.

J'y cours; guidez mes pas, je vous suis, Adhémar.

(*Adhémar sort.*)

(*à demi-voix.*)
Gontran, ce prompt retour, à nos desseins propice,
En nous livrant Louis, le pousse au précipice;
Que bientôt les Français reconnaissent ma loi,
Et pour prix de tes soins mes trésors sont à toi.

(*Charles sort.*)

SCÈNE III.

GONTRAN.

Sans doute il règnera, mon intérêt l'ordonne;
Hugues me connaît trop : s'il ceignait la couronne......
On vient vers moi. Veut-on surprendre mon secret?
Non; sur les pas de Blanche, Isabelle paraît.
De la reine déja que n'est-elle rivale!
N'importe : sa beauté peut être ic fatale;
On l'emploiera.

SCÈNE IV.

GONTRAN, BLANCHE, ISABELLE.

GONTRAN, *à Blanche.*

Louis approche de ces lieux,
Et je viens.......

BLANCHE.

Il suffit : ôtez-vous de mes yeux.

(*Gontran sort.*)

ISABELLE.

Que votre accueil, ma sœur, redouble mes alarmes!
Sur vous d'un sortilége a-t-on jeté les charmes?
Vos soupirs, qui pour moi ne parlaient pas en vain,
Seuls des remparts de Laon m'ont appris le chemin.
Les fleuves, les forêts, les châtelains avides,
Rien ne put arrêter mes gardes intrépides:
On eût dit, à les voir franchissant le danger,

Qu'ils cherchaient comme moi des maux à soulager.
Avez-vous un secret? je suis prête à l'entendre;
Avez-vous des chagrins? j'ai des pleurs à répandre.

BLANCHE, *embrassant Isabelle.*

Oui, tes pleurs couleront. Ne crois pas que l'orgueil
De sa froideur hautaine ait glacé mon accueil.
Dans une cour perfide où tout n'est qu'imposture,
Chère Isabelle, on tremble au cri de la nature.

ISABELLE.

Mais au pouvoir du sang quand l'amitié se joint.....

BLANCHE.

Que parles-tu d'amis; ici l'on n'aime point.
Voilà, voilà pourquoi mon ame intimidée
S'explique avec effroi l'ordre qui t'a mandée.

ISABELLE.

A cet ordre du roi, pressant, inattendu,
Quand ma soumission n'aurait pas répondu,
Des dangers, des malheurs, ici marquaient ma place.
Le Maure attaque Urgel; au bruit de son audace
S'ébranlent de Bordeaux les murs mal affermis;
Chaque vassal affecte un hommage insoumis:
De notre père mort tous briguent l'héritage,
Et ma mère mourante en promet le partage.

BLANCHE.

Que dis-tu, notre mère! Et tu l'as pu quitter!...

ISABELLE.

Je ne sais qu'obéir.

BLANCHE.

Tu devais résister.

Mais dans ses derniers vœux sans doute elle m'appelle?

ISABELLE.

Non : aux splendeurs du trône on vous laisse.

BLANCHE.

Isabelle,
Juge de ces splendeurs ! Quand le jeune Louis
Vint présenter un sceptre à mes yeux éblouis,
Son père, alors vivant, d'une ombre de puissance
Avait paré l'éclat de son adolescence :
Au suprême pouvoir Louis associé
Semblait offrir d'un trône une belle moitié.
Je l'accepte en pleurant : tu sais que dans mon ame
Déja je nourrissais une funeste flamme.
Je me laisse guider vers cette triste cour,
Espérant sous la pourpre étouffer mon amour :
Lothaire y régnait seul...... Émine, son épouse,
D'un titre égal au sien parut soudain jalouse ;
Je répondis sans peine à ses ressentiments,
Ma haine commença dans nos embrassements.
Mes dédains se jouaient de sa tendresse feinte,
Mais je vis son sourire et je connus la crainte.
A sa sinistre joie, oui, mon front consterné
Douta, le croirais-tu, s'il était couronné.
Je traînai vers Louis ma douleur inquiète.
O honte ! ô lâche roi ! j'étais reine et sujette.

ISABELLE.

Que vouliez-vous de lui ?

BLANCHE.

Qu'il vengeât mon affront !

ISABELLE.

Quatre lustres à peine ont passé sur son front;
Et qui peut cependant accuser son courage?
Voyez comme dans Reims il venge un autre outrage;
Il combat, il triomphe, et dans sa clémence....

BLANCHE.

Oui,
Je vois Hugues Capet daigner vaincre pour lui.
Ce guerrier, jeune encor, mais déja vieux de gloire,
Qui marche en souverain de la Seine à la Loire,
Qui seul, loin de nos bords, refoula l'étranger,
Ne suit jamais les rois que pour les protéger.
Lothaire, en expirant, plaça sous sa défense
D'un fils dégénéré l'interminable enfance.
Hugues, quelques instants, crut, trompé comme moi,
Que Louis libre enfin allait être homme et roi.
Mais Émine bientôt sut me faire connaître
Qu'esclave jusque-là je devais toujours l'être.
Alors, cachant ma honte à l'ombre de ces murs,
J'irritais mes ennuis dans des travaux obscurs;
Et tandis qu'à loisir mon indigne marâtre,
Étalant son orgueil sur un brillant théâtre,
De mon sceptre usurpé tourmentait mes vassaux,
Moi de pleurs sans témoin j'arrosais mes fuseaux!

ISABELLE.

Que d'affronts à subir!

BLANCHE.

Ils cimentaient ma haine.
Comme Louis pourtant, d'abord faible, incertaine,

L'avouerai-je? ma sœur, j'implorai sa pitié:
Instruite par un sage en cet art oublié
De fixer la pensée avec des caractères,
Ma main aux yeux du roi fit parler mes misères.
Je n'aspirais alors, trop timide en mes vœux,
Qu'à couler près de toi des jours moins malheureux,
Qu'à retrouver la paix aux lieux de ma naissance.
Eh bien, de mes desirs repoussant l'innocence,
Émine, par la voix d'un ministre pervers,
Par Gontran, d'un refus osa river mes fers;
Et, si j'entendis bien cet envoyé farouche,
Ces mots, Fléchis ou meurs, sortirent de sa bouche.
La mort! dis-je.... toujours près de moi, sous mes yeux,
Je gardais du poison le secours précieux;
(*En montrant le cachet de sa bague.*)
Et ce premier présent d'un fatal hyménée,
Ma sœur, renferme encor toute une destinée:
J'allais l'ouvrir, quand Dieu, qu'importunait ma voix,
Me commit sa vengeance et la mienne à-la-fois.
Un remords délateur, le hasard, mon audace,
D'un forfait impuni m'ont révélé la trace.
Sais-tu comment Lothaire est mort? La trahison,
La soif de la puissance, un festin, le poison....

ISABELLE.

Ciel! serait-ce Louis?

BLANCHE.

Non, ce prince timide
Ne prend ni la vertu ni le crime pour guide;
Vingt projets dans son ame avortent chaque jour,

En lui tout est stérile, et la haine et l'amour.
C'est Émine!.....

ISABELLE.

O forfait! Mais pour venger son père,
Le roi ne peut.......

BLANCHE.

Qu'importe? est-ce en lui que j'espère?
Si je lui confiais mes desseins hasardeux,
Il sauverait sa mère et nous perdrait tous deux.
Hugues seul peut fixer ma fortune incertaine.
Le Maure, en menaçant, l'appelle en Aquitaine;
Ma mère m'y demande, ou doit m'y demander.

ISABELLE.

Eh quoi, le suivrez vous?

BLANCHE.

Je veux le précéder.
Ici, de tous côtés, la haine me surveille,
Et jamais mon secret n'irait à son oreille.
Là, devant tout un peuple, aux yeux des chevaliers,
J'armerai de mes droits le plus grand des guerriers.
Ils connaîtront Émine, et, vengeant ma querelle,
La justice du glaive éclatera sur elle.

ISABELLE.

S'il faut punir, que Charle ait ce sanglant honneur.

BLANCHE.

Il combattit Lothaire et serait son vengeur!
On le vainquit: de là cette haine implacable
Qui rend Hugues plus grand et Charles plus coupable.
La gloire a prononcé sur leurs destins rivaux,

Ma sœur; l'un n'est qu'un prince, et l'autre est un héros.
L'envie, en rugissant, déja lui rend hommage.
Quand voudra-t-il, d'un trône illustrant l'apanage,
S'asseoir parmi les rois et les éclipser tous!
Mais c'est peu des tourments de cent princes jaloux;
Si son cœur faisait choix d'une seconde épouse,
Quelle reine en secret ne deviendrait jalouse!

ISABELLE.

Vous l'aimeriez encor, vous femme de Louis?

BLANCHE.

Que dis-tu? Parle-moi du comte de Paris!

ISABELLE.

O ciel!

BLANCHE.

Dès le berceau mon oreille charmée
Au doux bruit de son nom s'était accoutumée.
Dès l'enfance, on apprit à ma naissante voix
Les chants qu'aux ménestrels dictèrent ses exploits.
Et depuis, quand, toujours attaché sur ses traces,
Mon œil le vit, du sort réparant les disgraces,
Chasser Othon vainqueur et cent mille Germains,
J'aimai, j'idolâtrai le plus grand des humains.
Il ignorait alors une flamme si pure!

ISABELLE.

De ses aveux depuis vous a-t-il fait l'injure?

BLANCHE.

Des joutes de Soissons que ne vis-tu l'éclat,
Et le comte embelli des palmes du combat!
Que ne vis-tu modeste et dépouillé d'audace

Son front victorieux s'incliner avec grace,
S'incliner pour moi seule, au milieu de ma cour!
C'est ainsi qu'un héros révèle son amour:
Sers mon espoir; essaie une ruse innocente;
Fais parler notre mère et la patrie absente;
Prête-leur, s'il le faut, des ordres absolus:
Enfin épargne moi l'outrage d'un refus.

ISABELLE.

Non.

BLANCHE.

Vois à quel péril me livre ta faiblesse.
Déja Louis soupçonne un amour qui le blesse;
Émine en doute encor, Charles n'en doute plus:
Il est trop criminel pour croire à des vertus.
Si j'attends le héros, Louis, Charles, la reine,
Dans ses yeux et les miens vont éclairer leur haine.
Le cloître est près du trône, ils m'y poussent tous trois,
Et ma sœur doit peut-être hériter de mes droits!.......
Eh bien, de l'univers que le mépris m'accable!
Je pars seule, je fuis, et je fuis en coupable.

ISABELLE.

Eh! qu'allez vous chercher?

BLANCHE.

Des destins moins affreux.

ISABELLE.

La honte ou le trépas....

BLANCHE.

Tous deux, ma sœur, tous deux!
Fuir sans toi ce palais, c'est abdiquer ma gloire,
C'est courir à la mort, c'est flétrir ma mémoire:

Mais tu le veux!

ISABELLE.

Qui? moi!...

BLANCHE.

Tu le veux, j'y souscris;
Abandonne une sœur, une reine, au mépris!

ISABELLE.

Que faire?... Près du roi j'emploierai l'artifice.
Grand Dieu, pardonne! Hélas, je suis votre complice.
Mais non: s'il vous restait quelque espoir criminel,
Vous irez l'abjurer sur le sein maternel.

BLANCHE.

Tu consens, il suffit; tu préviens ma ruine.
(*Montrant les gardes qui entrent en précédant Louis.*)
Il était temps!

ISABELLE.

Je tremble à l'approche d'Émine.

BLANCHE.

Viens, cachons ta faiblesse à ses yeux pénétrants,
Nous reverrons toujours assez tôt mes tyrans.
(*Elle dirige Isabelle hors du théâtre et n'en sort elle-même qu'après avoir exprimé par un geste de mépris qu'elle n'évite Louis que pour mieux le braver.*)

SCÈNE V.

ÉMINE, LOUIS V, GARDES.

LOUIS, *montrant à sa mère Blanche qui s'éloigne.*
Elle fuit!

ÉMINE.

O mon fils, tu taris donc mes larmes!

LOUIS.

Oui, la rébellion a fléchi sous nos armes.
Avec les murs de Reims, qu'il remplissait de deuil,
Du fier Alabéron j'ai vu tomber l'orgueil.
Vers d'autres révoltés s'il a fui ma clémence,
Son exil leur dira que mon règne commence,
Et que mon pardon seul peut sauver désormais
Ces grands, rivaux du maître, et tyrans des sujets.

ÉMINE.

Va, je regrette peu le pouvoir éphémère
Qu'en ton pieux amour tu commis à ta mère;
Et pour me consoler il suffit que ta voix
M'apprenne à quels périls nous devons tes exploits.

LOUIS.

Hugue a tout fait : lui seul retrempa ma faiblesse ;
Dans les camps sa valeur enhardit ma jeunesse ;
Et tandis qu'au péril j'abandonnais mes jours,
Par-tout son bouclier me précédait toujours.
Enfin, las de combattre à l'abri de sa lance,
Jusqu'aux portes de Reims, loin de lui, je m'élance ;
J'y frappe de mon glaive : Ouvrez, c'est votre roi,
Dis-je; et la mort peut-être allait fondre sur moi :
Mais déja, sur les tours, Hugues, d'une main fière,
A la cité rebelle imposait ma bannière.
L'ange exterminateur, au glaive flamboyant,
Semblait guider son bras, de meurtre impatient.
Sur son écu brillait la croix expiatoire,

Et le Dieu des combats lui devait la victoire.
Faut-il qu'en vous vantant le comte de Paris
Je sente un doute affreux tourmenter mes esprits,
Et sous les vains lauriers dont mon front s'environne
Qu'une main trop puissante ébranle ma couronne!

ÉMINE.

Crains plutôt Charle!

LOUIS.

Eh quoi! lui dont la voix, les traits,
Rendaient si bien Lothaire à mes justes regrets,
Qu'à son aspect, sans vous, sans votre accueil sévère,
Je volais dans ses bras, en m'écriant: Mon père!......

ÉMINE.

Sans mon sévère accueil? Quel reproche, seigneur!
Ne m'est-il plus permis de venger votre honneur?

LOUIS.

A toutes vos vertus Charles sait rendre hommage:
S'il gémit d'un dédain qui peut-être m'outrage,
S'il blâme un fol orgueil qui méconnaît ma loi,
S'il nomme Blanche enfin, soupçonne-t-il sa foi?
Il voit dans un retour qui n'offre point de charmes
Que, comme sans desirs, l'absence fut sans larmes.

ÉMINE.

Mais qui de votre hymen alluma le flambeau,
Mon fils? Lothaire seul....

LOUIS.

Mon père est au tombeau;
N'accusons pas, vengeons cette illustre victime.

ÉMINE.

Savons-nous si sa mort?...

LOUIS.

Cette mort fut un crime.
Et je n'ai point puni cet horrible forfait!
Et j'ignore quel monstre....

ÉMINE.

Oui, mais Dieu le connaît!

LOUIS.

On craint peu des enfers l'invisible vengeance;
Votre père et le mien, funeste ressemblance!
Sortis du même sang, rois sous le même nom,
Dans le palais natal moururent du poison.
Il est temps de punir ces trames criminelles:
Dans l'absence des lois soyons justes pour elles.

ÉMINE.

Ah! contre le passé n'armez pas l'avenir:
Mon fils, il est si doux de s'entendre bénir,
De pardonner....

LOUIS.

Non, non; quel timide langage!
A trahir nos douleurs votre bouche m'engage?
Trop de faiblesse, hélas! d[illegible] joug déshonorant
A marqué ma jeunesse, oi[illegible] au premier rang.
Essayons d'être roi. Grand Dieu, d'un père auguste
Livrez l'empoisonneur au courroux le plus juste,
Et soudain de son flanc mes bras ensanglantés
Arracheront....

ÉMINE.

Mon fils!

LOUIS.

Déja vous me quittez!
A qui voulez-vous donc que ma plainte s'adresse;
Quelle voix doit répondre à ma voix vengeresse;
Où puis-je librement épancher mes douleurs,
Si le sein maternel se dérobe à mes pleurs?

ÉMINE.

Ce doute offenserait l'orgueil d'une marâtre;
Mais toi, mon fils, tu sais si ce cœur t'idolâtre.
Espoir, plaisirs, bonheur, amis, parents, époux,
(*à part.*) (*haut.*)
Époux...... Je n'ai plus rien, tu les remplaces tous.
Je goûte en toi la paix que le ciel m'a ravie,
Ton bonheur est le mien, et ta vie est ma vie.

LOUIS.

Que de ce pur amour le langage touchant
Ne peut-il me guérir d'un funeste penchant!
Blanche de ses mépris ne fait plus un mystère,
Et sans cesse fuyant ma couche solitaire,
Par la pensée au moins infidèle à sa foi,
Exhale des soupirs qui ne sont pas pour moi.
C'est trop souffrir: j'entends une voix solennelle,
C'est celle de mon père; il m'attend, il m'appelle:
Que j'emporte avec moi vos consolants adieux,
Et, du trône affranchi, je le suis dans les cieux.

ÉMINE, *se rapprochant de Louis.*

O mon fils!

LOUIS.

Dans ses vœux Lothaire nous rassemble;

Sur nous sa main se lève et nous bénit ensemble.

ÉMINE.

Où fuir?

LOUIS.

Ne cachez point à mes regards troublés
Ces regrets vertueux qu'à mes pleurs vous mêlez.
Mais mon père veut plus, mais il veut qu'on le venge,
Mais contre ses bourreaux avec nous il se range;
Et sûr de leur trépas, promis par mes serments,
Il nous confond tous deux dans ses embrassements.

ÉMINE.

J'expire!... Ah! loin de moi de sinistres images,
Loin de moi des fureurs et de sanglants hommages,
Ou fuyez mes regards!

LOUIS.

Ma mère!

ÉMINE.

Loin de moi!

LOUIS.

La vengeance est d'un fils!

ÉMINE.

La clémence est d'un roi!
D'un fils aussi, peut-être!.... Ah! Dieu, dans sa justice,
Des méchants, quels qu'ils soient, assure le supplice;
Il les atteint toujours, par-tout, vivants ou morts:
Au défaut de l'enfer n'est-il pas des remords?

(*Elle sort.*)

SCÈNE VI.

LOUIS.

Comme Blanche elle fuit; elle aussi me délaisse!
Son abandon me rend à toute ma faiblesse.
Hugue et Charle à-la-fois, Blanche elle-même, oui tous
D'un trône qui s'écroule osent être jaloux.
O vous qui l'enviez, savez-vous ce qu'il coûte?
Il m'a privé d'un père, et me perdra sans doute.
Le ciel semble pourtant sourire à mon retour;
Hormis Blanche, tout m'aime et me plaint dans ma cour.
Ce peuple aussi, des grands le rebut et la proie,
Admis à mon passage a retrouvé la joie.
Vassaux, amis, parents, qu'enflamme un même soin....
Des parents!... Le poison ne doit pas être loin...
Charlemagne à ses fils en vain légua le monde;
Fruit obscur d'une tige en monarques féconde,
Je la vois se plier à mon abaissement :
En moi tous mes aïeux expirent lentement.
Que la mort s'offre donc, qu'elle s'offre sans honte!
Roi, je la recevrai comme un guerrier l'affronte,
Comme un chrétien l'attend. Mais que ma piété
Arrache au moins le crime à son impunité;
Que le devoir d'un fils marque ma dernière heure :
Lothaire, entends mes vœux, que je te venge et meure!

FIN DU PREMIER ACTE.

ACTE SECOND.

SCÈNE I.

HUGUES, CHARLES, ADHÉMAR, GEOFFROY,
GRANDS DE LA COUR, GARDES, PEUPLE.

GEOFFROY, *à Adhémar, en montrant les soldats qui les ont précédés.*

Ces fronts où fume encor la sueur des combats,
Rayonnant d'alégresse au seul bruit de ses pas,
Annoncent qu'un héros, que Hugues va paraître;
Il vient.

CHARLES, *entrant par un des côtés de l'avant-scène.*

J'arrive à temps pour observer le traître.

HUGUES, *arrivant par le fond, à la foule qui le suit.*

Peuple qui, de vos champs désertant les sillons,
Avez de nos archers grossi les bataillons;
Vous; prodigue d'un sang versé sans espérance,
D'une longue misère oubliez la souffrance :
Louis cinq règne enfin. Bientôt d'un ciel plus doux
Les astres plus sereins vont se lever sur vous.
De vos humbles foyers jusque dans cette enceinte,
Désormais une route est ouverte à la plainte.
On peut revendiquer les douceurs du repos

Quand on l'a, comme vous, conquis sous les drapeaux.
(*S'avançant sur la scène suivi seulement des principaux chefs.*)
Compagnons de périls, de gloire, et de noblesse,
Ce peuple, dont nos fers accablent la faiblesse,
Serait, n'en doutez pas, digne d'un meilleur sort :
Aux combats, comme nous, quoiqu'il brave la mort,
Il n'attend de ses chefs, pour prix de la victoire,
Que le stérile honneur de saluer leur gloire.
Ah! puisqu'ennoblissant le rang le plus obscur
Le serf puise en son ame un dévouement si pur,
Plus grands, plus éclairés que le siécle où nous sommes,
Dans ces infortunés reconnaissons des hommes.
Il faut plus; désormais, preux, que votre valeur
En d'injustes combats n'égare plus la leur :
Prendre l'honneur pour guide et l'équité pour juge,
Offrir à l'opprimé sa force pour refuge,
Couvrir le sol natal d'un sang libérateur,
Des exploits de Roland atteindre la hauteur,
Et par un beau trépas vaincre jusqu'à l'envie,
Tel est votre devoir; telle sera ma vie.
Allez; et que demain l'ardeur de nos coursiers,
Nous rendant dès l'aurore à nos travaux guerriers,
Nous porte où le succès, à nos armes fidèle,
Promet au plus vaillant quelque palme nouvelle.

SCÈNE II.

HUGUES, CHARLES.

CHARLES.

Comte, votre retour a devancé la nuit;
D'un peuple adulateur le flot bruyant vous suit.
Mais où donc est l'armée? elle tarde à paraître.

HUGUES.

L'ordre du roi l'appelle; on va la voir.

CHARLES, *à part.*

Peut-être.

(*haut.*)

Vous délasser d'un siége au milieu des tournois,
Tel est le noble but où tendent vos exploits.
N'est-ce pas dans ces jeux que la reine charmée,
Fit un accueil si doux à votre renommée,
Seigneur? N'est-ce pas là que l'orgueil d'un vassal
D'un époux couronné décela le rival?
Cet aveu téméraire et coupable sans doute....

HUGUES.

Prince, vous oubliez que Hugues vous écoute.

CHARLES.

Mais vous, à de vils serfs, à l'instant même, ici,
Quand vous parliez, seigneur, moi j'entendais aussi:
Sur les grands, sur mes pairs, vous appelliez la honte;
Et de vos soins le peuple un jour vous tiendra compte.

HUGUES.

Dans les camps sa valeur les a payés déja.

Son bras trouve léger le glaive qu'il forgea.
Le Maure, qui, de l'Èbre oubliant les barrières,
Pour attaquer Urgel, déborde nos frontières;
Le Germain, dont naguère encor les étendards,
En insultant Paris, flottaient au mont de Mars;
Et l'Anglais, façonnant son île encor sauvage
A peser sur les mers comme une autre Carthage,
S'adjugeraient bientôt nos débris disputés,
S'ils ne craignaient ce peuple à qui vous insultez.
Les grands, libres par lui de chaînes étrangères,
Du char de leur fortune écrasent ses misères;
Ses pénibles travaux arrosent de sueurs
Des champs qui n'ont d'épis que pour des ravisseurs;
Son sang, toujours versé pour d'injustes querelles,
Sert d'un maître haï les haines éternelles:
Ce maître, nuit et jour, sur ses donjons errant,
Convoite deux moissons d'un regard dévorant:
L'une, espoir du hameau, naît et croît sous les larmes;
L'autre est le bien, le sang des voyageurs sans armes:
On leur vend le passage, et souvent leur trépas
Les acquitte, et tient lieu des trésors qu'ils n'ont pas.
Du pouvoir souverain où retrouver les marques,
Quand la France est en proie à vingt mille monarques,
A vingt mille tyrans, dont le délire affreux
Sème tant de fléaux qu'il en surgit contre eux?
En des champs dévastés, sur des tours en ruine,
On voit la peste immonde et la pâle famine,
Toujours de l'esclavage inséparables sœurs,
Passer des opprimés aux flancs des oppresseurs;

Et des corps, que réclame en vain la sépulture,
D'une exécrable faim devenir la pâture.
Des grands voilà le règne! Et ma complicité
Affermirait le crime en son impunité!
Non, non; et, du monarque éclairant la justice,
Ainsi va retentir ma voix réparatrice :
« Pour défendre le peuple armez vous de vos droits;
« Osez reconquérir nos vertus et nos lois;
« Que les arts renaissants chassent la barbarie,
« Et qu'un roi, libre enfin, nous rende une patrie!

CHARLES.

On n'accomplira pas vos chimériques vœux.
(*Mouvement de Hugues.*)
Nous nous devons, seigneur, de sincères aveux;
Dites, de vos desseins que faut-il que je craigne?
Le poison de mon frère a terminé le règne,
Ce crime en veut un autre; et Louis peut, hélas!
Soudain, comme son père, expirer dans vos bras.

HUGUES.

Non, vous ne pensez pas, seigneur, qu'on se hasarde
D'attenter à ses jours; Louis est sous ma garde.....

CHARLES.

Contre la trahison comment le protéger?
Et vous bornerez-vous, lui mort, à le venger?
Je ne le sais que trop, d'un songe inexplicable
Votre orgueilleux réveil nous a transmis la fable.
En vous portant, dit-on, lui-même au premier rang,
Le ciel de tant de rois qu'enfermait votre flanc
Vous révéla les noms, la gloire, et la durée.

Mais sous quels cieux lointains, mais dans quelle contrée,
Brilleront sans rivaux ces astres éclatants
Dont le lustre à venir sera vainqueur du temps?
L'inconstante Italie et l'ingrate Allemagne
Ont cessé d'obéir aux fils de Charlemagne;
Son sang ne règne plus qu'aux rivages français:
Croyez-vous que du trône on l'exile jamais?
Que Louis, dès ce jour, descende dans la tombe,
Croyez-vous qu'avec lui tout Charlemagne tombe?
Que sa veuve à vos feux se livre dès demain,
Croyez-vous qu'elle donne un sceptre avec sa main?
Détrompez-vous: ce trône où s'éleva ma race,
On ne le verra point fléchir sous votre audace.
Songez y bien: pour vaincre et pour le remplir seul,
Il suffit de m'armer du nom de mon aïeul.

HUGUES.

O Charlemagne, on ose invoquer ta mémoire,
Se charger sans effroi du fardeau de ta gloire,
Se parer de ton nom et de ce sang divin
Qui du sein maternel a passé dans mon sein!
Et qui l'ose?... Fidèle au Dieu de ta patrie,
Tu combats quarante ans contre l'idolâtrie;
Les fiers enfants d'Odin, vaincus dans leurs déserts,
Adorent ton génie et la croix que tu sers;
Le bandeau des Césars, dans Rome renaissante,
Te cherche, et de lui-même à ton front se présente;
Du haut de ton pouvoir, par toi seul limité,
Sur tes peuples captifs descend la liberté;
Et ton trône, pour eux, est l'arche salutaire

Qu'accorde un ciel plus doux aux malheurs de la terre.
Mais de tant de grandeurs prêteras-tu l'appui
Au fils qu'un double joug déshonore aujourd'hui?
Regarde; sur ce front que fuit le diadème,
Tombe d'un Dieu vengeur l'équitable anathème.
Modèle des héros, monarque citoyen,
Dans son sang avili reconnais-tu le tien?
Qu'il parle de patrie, et de droits, et d'ancêtres,
Transfuge, il n'en a plus! les Germains sont ses maîtres:
Culte, aïeux, gloire, et vous, ô France, ô mon pays,
Abandonnez-le tous, il vous a tous trahis!
Aussi de son pouvoir, de son règne, je jure,
En tous lieux, en tout temps, de repousser l'injure.

CHARLES.

Traître, que Louis meure, et tu fléchis!

HUGUES.

Jamais:
Français, je n'obéis qu'à des princes français.

CHARLES.

Sais-tu ce que m'impose un semblable langage?

HUGUES.

La guerre; mes hérauts t'en porteront le gage

SCÈNE III.

HUGUES, LOUIS, CHARLES, QUELQUES VASSAUX.

LOUIS.

Qui remplit de clameurs ces murs épouvantés?

Appuis de votre roi, c'est vous qui l'insultez!
Le peuple, le soldat, qui de loin vous contemple,
Reçoit ainsi de vous un parricide exemple.
Quel siècle que le nôtre, où jusqu'au sein des cours
Le fer, toujours le fer achève nos discours!
Près de la tombe sainte où repose Lothaire,
Votre haine un moment ne peut-elle se taire?
Ah! cessez d'outrager par de plus longs discords
La majesté du trône et le sommeil des morts.

CHARLES.

Pour juger nos débats, savez vous ce qu'il ose?

LOUIS.

Eh! pourquoi me forcer d'en connaître la cause?
Je veux, comme dans Reims, qu'ici règne la paix,
Et mieux que par le fer vaincre par des bienfaits.
(*à Charles.*)
Quand l'empereur Othon, pour prix de votre hommage,
D'un de mes grands vassaux vous livra l'héritage,
Sans doute il ignorait le péril de ses dons,
Et la guerre, entre nous, agita ses brandons.
Mais sur tous mes états si j'ai les droits d'un maître,
La nature a les siens, que j'aime à reconnaître:
Je cède la Lorraine, et laisse à vos hauts faits
A me justifier du don que je vous fais.
(*à Hugues.*)
Vous, guerrier intrépide, et que je crois fidèle;
Appui que m'a légué la bonté paternelle,
Écoutez: il existe un titre glorieux
Qu'en faveur des héros fondèrent mes ayeux;

De la rébellion involontaire esclave,
Reims par vous affranchie a nommé le plus brave:
Soyez duc des Français.

CHARLES.

Qu'ai-je entendu? qui? lui!

LOUIS.

C'est devant ses regards qu'Alabéron a fui.

CHARLES.

Mais de vos grands vassaux l'ambition trompée
Peut, rebelle à son tour....

LOUIS.

Mon sceptre est cette épée.
Aux campagnes de Reims un héros me l'apprit.
De mes jours languissants si le cours ne tarit,
Mon règne aux maux du peuple offre quelque espérance,
Et les grands subiront le bonheur de la France.

CHARLES.

Est-ce pour préluder au bonheur des Français,
Qu'on brave le monarque en son propre palais?
Les discordes au loin sont peut-être étouffées;
Mais Blanche, dont l'absence insulte à vos trophées,
Prouve comme en ces lieux la paix règne aujourd'hui.

HUGUES.

Quand la reine, un moment, loin d'un pompeux ennui,
S'abandonne au bonheur de revoir Isabelle,
On l'accuse à vos yeux d'une absence rebelle;
Un grand courage seul peut aller jusque-là:
Maintenant dénoncez son retour: la voilà.

SCÈNE IV.

HUGUES, BLANCHE, LOUIS, CHARLES.

BLANCHE.

Prince....

LOUIS.

Enfin à mes yeux vous daignez donc paraître!

BLANCHE.

Et c'est malgré mes vœux, vous le pourrez connaître,
Que je fatigue ici les regards d'un époux.

CHARLES, *bas à Louis.*

On vous brave, seigneur.

LOUIS.

J'écoute, expliquez vous.

BLANCHE,

(*à part.*) (*haut.*)

Quel changement! Un roi qu'enivre la victoire
N'entend avec plaisir que des hymnes de gloire,
Ne cherche que des fronts où brille le bonheur.

LOUIS.

Eh bien, madame!

BLANCHE.

Eh bien, regardez moi, seigneur;
Suis-je heureuse?

LOUIS.

Je sais que de puissance avide,
Si vous n'y régnez pas, pour vous le trône est vide;

Quelques jours, il est vrai, ma mère l'occupa;
En me le disputant son orgueil se trompa.
Ce peuple belliqueux soumis à mes ancêtres,
Dans les femmes jamais ne reconnut ses maîtres.
Eudes, Charles, Raoul, usurpèrent nos droits;
Ils étaient des héros, le glaive en fit des rois:
Et l'on put de leur gloire accepter les entraves,
Sans se précipiter jusqu'au rang des esclaves.
Voilà nos lois, madame, est-ce à vous de régner?

BLANCHE.

Cet avis, qu'un grand prince aurait dû m'épargner,
Est trop peu mérité, seigneur, pour me confondre;
Aussi mes actions se chargent d'y répondre.
Le sort, à ma fierté mesurant mes malheurs,
Veut en vain me courber sous le poids des douleurs,
Je lutterai!... Docile à l'ordre qui l'appelle,
Devant mes tristes yeux s'est montrée Isabelle;
Du destin comme moi, ma sœur subit les coups,
Et pour le conjurer son espoir n'est qu'en vous.
Elle vient.

SCÈNE V.

HUGUES, BLANCHE, ISABELLE, LOUIS, CHARLES, GUERRIERS D'AQUITAINE, DAMES D'HONNEUR D'ISABELLE.

ISABELLE.

L'Aquitaine est en proie aux alarmes,
Sire, et vous lui devez le secours de vos armes.

Tandis que des barons le sacrilége orgueil
La couvre de débris, l'enveloppe de deuil,
Le Maure, à flots pressés s'échappant de l'Espagne,
Dispute la Navarre aux fils de Charlemagne,
Et veut, se rappelant ses belliqueux travaux,
Par un sanglant chemin retrouver Ronceveaux.

HUGUES.

Le Maure! sous ses lois il vous ferait descendre;
De Roland, son approche outragerait la cendre!
Non, non, de son triomphe il nous menace en vain;
La hache de Martel arme encor notre main!

CHARLES, *à demi-voix à Louis.*

Quand du joug maternel votre fierté se lasse,
Est-ce donc pour souffrir qu'un autre le remplace?
Votre duc est-il roi?

LOUIS, *à Isabelle.*

Croyez que nos secours,
Princesse, de vos maux sauront tarir le cours.

ISABELLE.

Mais, seigneur, pour ma mère, hélas! que peut le glaive?
Sa tâche de douleurs péniblement s'achève,
Et de son lit de mort ses inquiets adieux
Me léguent avec crainte un pouvoir périlleux.

LOUIS.

Vous le conserverez dans son indépendance:
J'en atteste un dessein formé par ma prudence;
Vous le saurez bientôt.

BLANCHE, *bas à Isabelle.*

Ce n'est pas tout, poursuis.

ISABELLE.

En effet, j'oubliais dans le trouble où je suis...
(*à voix basse.*)
Je ne saurais tromper, Blanche!

BLANCHE.

A sa peine amère,
A sa voix, il me semble entendre notre mère,
Qui, vers le sol natal me pressant d'accourir,
Surmonte sa souffrance et m'attend pour mourir.
Le temps presse, seigneur; de votre aveu certaine
Je pars.

CHARLES, *bas à Louis.*

Le comte aussi se rend en Aquitaine.

LOUIS, *vivement.*

Hugues, qu'en pensez-vous?

BLANCHE, *bas à Isabelle.*

Écoute.

LOUIS.

Vos avis
Par moi, vous le savez, toujours furent suivis.
Parlez.

HUGUES.

Sire, est-ce à moi?.....

LOUIS.

Pour combattre le Maure,
Vos vœux m'ont prévenu, qu'ils s'expliquent encore.

HUGUES.

Le souhait d'une mère à ses derniers instants
Pour un monarque même est sacré.

BLANCHE, *à Isabelle.*

Tu l'entends!
Je vole donc, seigneur, où le sang me réclame,
Où le devoir m'appelle, où le deuil.....

LOUIS.

Non, madame.

BLANCHE.

Quoi! vous refusez?...

LOUIS.

Oui..... Vous, princes, suivez-moi,
(*avec ironie.*)
Si les vassaux encor reconnaissent un roi.

BLANCHE.

Arrêtez! croyez-vous, toujours époux et maître?...

LOUIS.

Maître, toujours; époux, je puis cesser de l'être.
De la force du sceptre empruntant son appui,
Un roi brise à son gré des nœuds pesants pour lui.
Plus d'un de nos aïeux, las d'épouses hautaines,
A d'un mot, d'un coup d'œil, fait et défait des reines;
Et, si vous n'en gardez un prudent souvenir,
La leçon du passé réglera l'avenir.

SCÈNE VI.

ISABELLE, BLANCHE.

BLANCHE.

Ai-je bien entendu?

ISABELLE.

Ma sœur!...

BLANCHE.

Triomphe, Émine!
Louis ne doit régner qu'au jour de ma ruine.
Tu l'armes du pouvoir au gré de ton courroux;
Le lâche! pour me perdre il redevient jaloux.
Mais qu'il tremble! Un héros a partagé ma honte.

ISABELLE.

Espérez-vous l'armer contre son roi?

BLANCHE.

J'y compte;
J'attends de lui ma gloire!

ISABELLE.

Attendez-la de vous;
Charle a jeté le trouble au sein de votre époux.
Dissipez tout soupçon; que votre indifférence
De Hugues sans retour condamne l'espérance.

BLANCHE.

Moi, je m'offenserais de sa muette ardeur!
J'éteindrais une flamme utile à ma grandeur!
Loin de faire éclater le pouvoir de mes charmes,
A son bras triomphant j'arracherais les armes;
Et je reculerais devant un avenir
Dont la splendeur s'approche et va m'appartenir!
Veux-tu que plus long-temps des pleurs dont je me noie,
La parricide Émine alimente sa joie?
Veux-tu que, pour toujours, esclave en mon palais,
Je lasse les mépris de tous ceux que je hais?

Il est brisé le joug qui pesait sur ma tête.
Va, crois-moi, des tyrans le châtiment s'apprête;
De leurs prospérités mes maux marquent la fin.
Il est temps qu'à leurs yeux je me révèle enfin!

ISABELLE.

O ciel!

BLANCHE.

Louis me chasse! où me cacher? irai-je,
D'un Dieu, jaloux sans doute, épouse sacrilége,
Me traîner dans ces lieux consacrés au remord,
Où gémit la nature en attendant la mort?
Qu'on ne l'espère pas; quand du trône on m'exile,
La vengeance, Isabelle, est mon unique asile;
J'y cours.

ISABELLE.

Dieu! quels transports et quel égarement!
Si le devoir, l'honneur.....

BLANCHE.

Contre moi vainement
Ces fantômes d'honneur et de devoir se liguent;
Les jours de mon tyran et les miens me fatiguent.

ISABELLE.

Blanche!

BLANCHE.

Que n'est-il mort dans les derniers combats!

ISABELLE.

Si ma mère entendait....

BLANCHE.

Quel nom! N'achève pas.

J'ai besoin des horreurs que ce palais inspire;
C'est le crime, le deuil, la mort qu'on y respire;
Il commence à me plaire!

ISABELLE.

A quel titre, grand Dieu!

BLANCHE.

N'allons-nous pas lui dire un éternel adieu?

ISABELLE.

Et comment le quitter?

BLANCHE.

Ma chaîne, où donc est-elle?

ISABELLE.

La gloire.....

BLANCHE.

Est de punir quand l'injure est mortelle.

ISABELLE.

La vertu.....

BLANCHE.

Veut du sang pour venger un affront.

ISABELLE.

Vos nœuds.....

BLANCHE.

Ils sont rompus......

ISABELLE.

Vos serments.....

BLANCHE.

Il les rompt.

Je suis libre : pour fuir je sais plus d'un passage,
(*posant la main sur son poignard.*)

Et dans son cœur fumant.....

ISABELLE.

Dieu! quelle horrible image!

O délire!

BLANCHE, *regardant sa bague.*

Oui, je crois qu'en effet ma raison.....

(*à part.*)

J'oubliais que Lothaire était mort du poison.....

FIN DU SECOND ACTE.

ACTE TROISIÈME.

SCÈNE I.

GONTRAN *s'avance à pas lents, tenant un parchemin.*

Plus je veux l'abaisser, plus le destin l'élève;
Contre lui que ne puis-je en appeler au glaive?
Aux titres dont le roi lui prodigue l'honneur,
Que ne puis-je ajouter celui d'empoisonneur?
Sa gloire le défend, sa force le rassure;
Pour le perdre, la ruse est l'arme la plus sûre.
C'est peu que de l'hymen les orageux débats
Chassent Blanche d'un trône avili sous ses pas;
Qu'Isabelle, pour nous instrument de vengeance,
Bientôt des deux amants trouble l'intelligence,
Ou la fasse du moins parler à tous les yeux :
(*montrant le parchemin.*)
Il faut de cet écrit que le sens captieux,
Ramenant le monarque aux terreurs de l'enfance,
Joigne à tous ses périls, un de plus, sa défense.
Il se perdra lui-même; oui, Charles sera roi :
Je le couronnerai pour qu'il règne sous moi.
Mais que Blanche, avant tout, d'espérance enflammée,
Du soldat qu'elle adore ose se croire aimée;
Mes discours, s'il le faut, attiseront ses feux.
Frémis, Hugues, frémis, je te sers!...

SCÈNE II.

ISABELLE, BLANCHE, GONTRAN.

BLANCHE.

Malheureux!
Quel nom prononcez-vous? quel courroux vous anime!
C'est pour vous, je le vois, trop peu d'une victime;
Et votre ambition, qu'enfle un premier succès,
Veut punir un héros d'être duc des Français.

GONTRAN.

Ses crimes ne sont pas dans l'orgueil d'un vain titre.

BLANCHE, *avec ironie.*

En est-il de plus grands?

GONTRAN.

On vous en fait l'arbitre.

BLANCHE.

Moi?

GONTRAN.

Vous, qui désormais ne pouvez le revoir.

BLANCHE.

Qui me le défendra?

GONTRAN.

Le plus sacré devoir.

BLANCHE, *à part.*

Qu'entends-je?

GONTRAN.

Il faut le fuir, ou plutôt qu'il s'exile
Des lieux où votre époux peut marquer votre asile.

BLANCHE.

Mon asile est le trône, et ne l'oubliez pas.
Mais de Hugue, à vos yeux, quels sont les attentats?

GONTRAN.

S'il faut vous les apprendre, au grand jour il conspire,
Las du joug suzerain à régner il aspire;
Mais pour lui c'est trop peu du trône; et le courroux
Que vous blâmiez en moi, d'un mot va naître en vous;
Eh! qui peut s'en défendre en songeant qu'il vous aime?

BLANCHE.

Qui lui? M'oser aimer! Qui te l'a dit?

GONTRAN.

Lui-même.

BLANCHE.

De ces aveux toi seul imaginant l'affront....

GONTRAN.

Consultez-les, madame, ils me justifieront.

(*Il sort.*)

SCÈNE III.

ISABELLE, BLANCHE.

BLANCHE.

Il m'aime! il m'aime donc, et j'en ai l'assurance;
Ma fierté se lassait d'une vague espérance.
Il m'aime! A mes regards le ciel s'est éclairci;
Il conspire, il le doit, tout le menace ici :

Tout, excepté ce cœur qui l'attend, qui l'appelle,
Et qui comme la gloire à lui seul est fidèle.

ISABELLE.

O parjure!

BLANCHE.

Non, non : tel fut mon premier vœu.
Viens me voir, du héros encourageant l'aveu,
Subir avec orgueil son ascendant suprême.

ISABELLE.

Ainsi vous vous parez de votre honte!

BLANCHE.

Il m'aime.
Ses dédains seulement seraient le déshonneur.
C'en est fait; plus de frein, d'obstacle à mon bonheur;
Je suis libre, Isabelle, ou du moins je vais l'être;
L'époux a disparu dans le barbare maître.
Aux pensers de l'exil mon cœur s'est endurci :
Qu'il meure! Le tombeau n'est qu'un exil aussi.

ISABELLE.

Hugue approche, ma sœur.

BLANCHE.

Sa fortune l'envoie!

SCÈNE IV.

HUGUES CAPET, BLANCHE, ISABELLE.

BLANCHE.

Aux plus sombres ennuis vous me trouvez en proie,

Seigneur ; vous le savez, on dispute à mon front
Ce bandeau, ces honneurs qui bientôt me fuiront.

HUGUES.

Vous les conserverez, n'en doutez pas, madame.
Défenseur de Louis, j'ai des droits sur son ame ;
Je lui dirai.....

BLANCHE.

Seigneur, gardez-vous de parler :
L'offre de votre appui me fait déja trembler.

HUGUES.

Quelle cause?....

BLANCHE.

Louis dont la fureur jalouse,
Dont l'aveugle transport.....

ISABELLE, *à demi-voix.*

Vous êtes son épouse.

BLANCHE.

Devant un ennemi trahissant sa fierté,
Votre plus cher desir n'a-t-il pas éclaté?
Et, touchant presqu'au faite où le sort vous entraîne,
N'avez-vous pas daigné?...

ISABELLE, *à demi-voix.*

Ma sœur, vous êtes reine.

BLANCHE.

(*à Hugues.*)
Laisse-moi..... La prudence est la vertu des cours ;
Peut-être eût-il fallu que voilant vos discours....

HUGUES.

Moi, j'aurais pu souffrir qu'un transfuge osât croire

Que du bandeau des rois son front ceindrait la gloire;
Qu'il régnerait sur vous, sur moi qui l'ai vaincu!
Pour punir tant d'orgueil, j'ai parlé, je l'ai dû.
Il sait que, de Clovis immortel héritage,
De l'honneur, parmi nous, le trône est l'apanage.
Non, non, ce n'est pas lui que réclament nos maux:
Les peuples, sans son règne, ont assez de fléaux.
Non, non, ce n'est pas lui qui, parmi tant de haines,
Tant d'opprobre et de sang, de misères, de chaînes,
Pourrait offrir au peuple un joug libérateur;
Préparer pour nos fils des siècles de grandeur,
Et, rendant immortels quelques jours de puissance,
De l'empire des lois marquer la renaissance.

BLANCHE.

Le héros se révèle à ces nobles projets:
Les Français, en espoir, sont déja vos sujets;
Votre aspect les séduit; votre voix leur commande.

HUGUES.

Vous craignez cependant qu'elle ne vous défende.

BLANCHE.

Ah! si je ne craignais seulement que pour moi!...
Ne parlez point; l'honneur vous en prescrit la loi.

HUGUES.

L'honneur me prescrirait le silence! qu'entends-je?
Je ne m'attendais pas à ce refus étrange.
Mais ce cœur qui tressaille aux cris de l'opprimé,
A trahir ses penchants n'est pas accoutumé;
Je fléchirai le roi, mon devoir me l'ordonne.

BLANCHE.

Et si je ne veux pas que ce roi me pardonne!

HUGUES.

Je ne vous comprends plus, madame.

BLANCHE.

Si mon œil
Ne voyait de bonheur qu'au-delà d'un cercueil;
Si pour reconquérir l'ombre d'un diadème,
J'exposais un héros à s'abaisser lui-même;
Pensez-vous que je dusse, agréant son soutien,
Mendier mon pardon, et peut-être le sien?

HUGUES.

Qui? moi, madame, moi! me crût-on un parjure,
Quel monarque oserait essayer cette injure?
A ma mort, ma mort seule, il pourrait aspirer,
Sans se croire assez grand pour me déshonorer.

BLANCHE.

Hélas! l'ignorez-vous? Le souffle de l'envie
Peut ternir tout l'éclat de la plus belle vie.
Charles, dont les fureurs dirigent mon époux,
De ma chute appuyé, veut aller jusqu'à vous;
Il vous accuse.

HUGUES.

Eh bien! notre cause est commune:
Du plus léger soupçon le fardeau m'importune.
Pourquoi n'irai-je point dire au faible Louis:
Regardez qui m'accuse, et songez qui je suis!
Pourquoi n'irai-je point, épousant votre offense?...

BLANCHE.

Vous m'y forcez, je dois expliquer ma défense.
C'est peu que de prêter à votre ambition
Des suprêmes grandeurs la sombre passion,
De vous peindre en soldat envahissant le trône,
D'un sentiment plus doux, seigneur, on vous soupçonne.
Le dirai-je? on prétend que votre cœur... Quel bruit!
Juste ciel! c'est Émine, et mon tyran la suit.
Ne s'arrêtent-ils pas, comme si leur prudence
Leur révélait la fin de cette confidence?
Non. Ils traînent ici tout l'appareil royal,
Je fuis!... A l'un de nous ce jour sera fatal.

HUGUES.

Blanche, achevez: pour qui doit-il être funeste?

BLANCHE, *en sortant.*

Les pompes du festin vous apprendront le reste.

ISABELLE.

Dieu, sauve-nous!

SCÈNE V.

HUGUES.

Quel trouble égare ses esprits!
Mon cœur, mon faible cœur, craint de l'avoir compris.
Oserions-nous tous deux?... Louis vient, je frissonne!
Mais restons, je le dois, son péril me l'ordonne.

SCÈNE VI.

HUGUES CAPET, ÉMINE, LOUIS, ET TOUTE LA COUR.

ÉMINE, *tenant le parchemin de Gontran déployé.*

Oui, cet écrit l'atteste ; oui, d'une trahison
On menace mon fils, moi, toute ma maison.
Soldats, que du palais les portes soient fermées ;
Vassaux, d'un fer vengeur que vos mains soient armées ;
Gardes, veillez sur nous ; et vous, preux, jurez-moi
Le châtiment du crime et le salut du roi.

LOUIS, *montrant Hugues avec crainte.*

Ma mère ?...

ÉMINE, *bas.*

Connais mieux l'appui de ton enfance :
De soupçonner sa foi ne lui fais plus l'offense.
(*haut.*)
Duc, lisez d'un complot l'écrit accusateur ;
Le trône en est le but, et Charle en est l'auteur :
(*après un moment de silence.*)
Ne partagez-vous pas mes craintes légitimes ?

HUGUES, *rendant l'écrit.*

Non, madame, il s'agit de trahisons, de crimes ;
Et si Charles du trône un jour s'ouvre l'accès,
Ce n'est pas au poignard qu'il devra le succès.
De ses aïeux encore il subit la mémoire,
Il n'oserait d'un meurtre ensanglanter leur gloire.

Je dirai plus ; je crois cet avis mensonger.

LOUIS, *avec incrédulité et reprenant l'écrit.*

Quoi !

HUGUES.

L'espoir de vous perdre inventa le danger.

ÉMINE.

Est-ce Charles?

HUGUES.

Peut-être! Ah! si c'est lui, qu'il tremble!
Ma gloire, la patrie, et le monarque ensemble,
M'imposent leur défense et des devoirs sacrés,
Qui seront tous remplis quand vous me reverrez.

(*Il sort.*)

SCÈNE VII.

ÉMINE, LOUIS.

LOUIS.

Ce zèle m'est suspect : moi, dont la confiance
Allait de nos maisons resserrer l'alliance;
Moi, qui voulais, guidant une sœur dans ses bras,
De toute l'Aquitaine agrandir ses états;
Il me trompe.

ÉMINE.

Ou plutôt son dévouement l'abuse.

LOUIS.

Non.

ÉMINE.

Pourquoi l'accuser d'une odieuse ruse?

LOUIS.

Il veut me perdre.

EMINE.

Il s'arme, il s'impose la loi
De vous rendre au bonheur....

LOUIS.

Vain espoir, je suis roi!
Aussi de mes terreurs à peine suis-je maître.
Ce complot aujourd'hui doit éclater peut-être.
Mais quel en est l'auteur? Hugue ou Charles? tous deux:
Moi vivant, ma dépouille est disputée entre eux.
Tantôt quand ma faveur, à leurs desirs commune,
Protégeait sous vos yeux l'essor de leur fortune,
Je les craignais déja; ce trône qui me perd
A leur coupable espoir déja semblait désert.
Les adieux paternels ont marqué la victime:
« Tu mourras comme moi, tu mourras par un crime;
« Et sans avoir un fils pour te fermer les yeux! »

ÉMINE, *à part.*

Toujours ce souvenir!.....

LOUIS.

Un monstre est dans ces lieux,
Et bientôt ses forfaits joindront le fils au père,
S'il veut du parricide obtenir le salaire.

ÉMINE.

Ne pouvez-vous, mon fils, des pensers du tombeau
Ailleurs que dans mon sein déposer le fardeau?

LOUIS.

De l'auteur de mes jours l'empoisonneur perfide

Sait-il que de son sang ma vengeance est avide?
Sur son crime mes pleurs le forçant à trembler,
Il saurait les tarir s'il les voyait couler!
Ce n'est donc qu'à vos yeux qu'une douleur si sainte
A ses pieux transports s'abandonne sans crainte :
Votre cœur y répond, quand Blanche même, hélas!
Témoin de mes regrets, ne les comprendrait pas.

ÉMINE.

Blanche, Blanche! mon fils.

LOUIS.

Quel effroi vous agite?

ÉMINE.

Vous étonneriez-vous de ma terreur subite?
Ne me parlez-vous pas de Blanche et de poison?

LOUIS.

Loin de moi, loin de vous tout injuste soupçon!
Non : malgré les conseils d'un orgueil indomptable,
De mon deuil éternel Blanche n'est point coupable.
Du crime sa jeunesse ignore le chemin;
Et comment le poison armerait-il sa main,
Lorsque, grace à ma mère, elle trouve près d'elle
De toutes les vertus le plus parfait modèle?

ÉMINE.

Dieu!

LOUIS.

Quel charme pour moi, quand le soupçon se tait,
Si, noble et tendre épouse, elle vous imitait!

ÉMINE.

M'imiter!.... Oui c'est Dieu, Dieu même qui t'inspire;

Mon fils, ne crains plus rien, ta mère enfin respire :
Je verrai Blanche.

LOUIS.

Ainsi vous soupçonnez...

ÉMINE.

Je crois
Qu'elle peut sur nos cœurs recouvrer tous ses droits.
On sait vos différents, qu'elle même proclame;
S'il existe un complot, elle en connaît la trame;
De ses ressentiments j'apprendrai le danger :
Ici, seule, à l'instant je veux l'interroger.
Qu'elle vienne.

LOUIS.

Je sors.

(*Toute la cour le suit.*)

SCÈNE VIII.

ÉMINE.

Mes alarmes s'apaisent;
Je sens moins le fardeau des remords qui me pèsent;
Mes noirs pressentiments semblent évanouis,
Et si je pleure encor ce n'est plus sur Louis!
Il est trop vrai pourtant; un espoir parricide
Veille dans ce palais, et du maître décide.
En le lui disputant, je sauverai mon fils.
Je le dois, je le veux, et n'importe à quel prix!
Mais la voici.

SCÈNE IX.

BLANCHE, ÉMINE.

BLANCHE.

Pourquoi desirez-vous m'entendre,
Madame, et d'où peut naître un intérêt si tendre?
D'où vient qu'après deux ans de misère et d'oubli,
On trouble les douleurs dont ce cœur est rempli?
Parlez: mais, quelque but que vous veuilliez atteindre,
Épargnez-moi du moins l'outrage de me plaindre.

ÉMINE.

De vos ressentiments l'implacable fierté
Bannit donc entre nous tout espoir de traité?
La discorde préside à nos grandeurs rivales;
Craignons que ses fureurs à toutes deux fatales,
Ma fille.....

BLANCHE.

De ce nom, qui m'ose appeler? Vous!
Je n'ai, madame, ici de mère ni d'époux.

ÉMINE.

Oubliez-vous les nœuds?.....

BLANCHE.

Dites plutôt les chaînes.
Les plus augustes lois pour l'esclave sont vaines.
Ce sceptre, ces honneurs, à mes desirs offerts,
Qu'étaient-ils en effet? des fers, rien que des fers.

Et, pour combler ma honte, on veut que j'y souscrive!
Je ne fus jamais reine, et ne suis plus captive:
Je le prouve en quittant à jamais ce séjour;
Vous pouvez l'annoncer à votre roi d'un jour.

ÉMINE.

Que de malheurs, grand Dieu, poursuivent ma famille!
Louis n'a plus d'épouse et je n'ai plus de fille :
(*regardant Blanche.*)
Que dis-je? si j'en crois mes présages de deuil,
Mon fils, avant le temps, doit descendre au cercueil.

BLANCHE.

Quoi! votre fils, madame? et qui donc le menace?

ÉMINE.

Tout... De puissants vassaux la turbulente audace,
Des grandeurs qu'on envie, et ces noirs attentats,
Qui changent en un jour le destin des états.

BLANCHE.

Louis n'aime-t-il pas que le crime prospère,
Lui qui laisse impuni le trépas de son père;
Et, plutôt que ces grands, du trône peu jaloux,
Ne devrait-il pas craindre un parricide absous?

ÉMINE.

Qui l'a privé d'un père, et comment sa justice
Pourrait-elle éclater alors que nul indice?...

BLANCHE, *se tournant vers Émine.*

Vous croyez?...

ÉMINE.

Dans le rang où le ciel nous a mis,

On marche environné de complots ennemis,
Et trop souvent, hélas! leur succès nous accable,
Sans que notre œil mourant devine le coupable.

BLANCHE.

En effet, votre époux, dont j'entrevis la mort,
Ne nomma...

ÉMINE.

Pour mon fils je crains un pareil sort.

BLANCHE.

Le sort du dernier roi n'est pas héréditaire.

ÉMINE.

Pourquoi me parlez-vous sans cesse de Lothaire?

BLANCHE.

Pourquoi me parlez-vous sans cesse de Louis?

ÉMINE.

Vous me le demandez? eh! n'est-il pas mon fils?
Mère, je me tairais, quand à l'instant, vous-même,
Bravant dans votre époux l'autorité suprême,
Vous voulez, en rebelle, au loin porter vos pas?
C'est donc à la contrainte...

BLANCHE.

Ah! qu'il ne l'ose pas!

ÉMINE.

Prétendez-vous forcer votre époux à vous craindre?

BLANCHE.

Il le doit.

ÉMINE.

Quel aveu!

BLANCHE.

Moi, je ne sais pas feindre.

ÉMINE.

Eh bien, madame, eh bien, je veux vous imiter :
Mes craintes pour Louis, tout haut, vont éclater.
Vos mépris l'accablaient au jour de sa faiblesse;
Mais, depuis qu'il soutient avec quelque noblesse
Le glaive des combats et la pourpre des cours,
C'est plus que des mépris...

BLANCHE.

Où tendent ces discours?

ÉMINE.

Si vous ne le savez, vous allez le connaître.
Sur les dangers d'un fils je m'abuse peut-être :
Il a passé souvent à côté du poignard.
Cependant les apprêts d'un funeste départ,
Et de l'orgueil blessé l'inflexible langage,
De quelque grand malheur confirment le présage.
Ne vous montrent-ils pas terrible en vos projets,
Armant contre un époux et vassaux et sujets,
Ou même de ses jours vos mains rompant la trame?...

BLANCHE.

Ce serait à mon tour vous imiter, madame.

ÉMINE.

Moi, j'aurais mis un terme aux jours de mon époux?

BLANCHE.

Vous!

ÉMINE.

D'un pareil forfait qui m'ose accuser?

BLANCHE.

Vous!
Ne vous souvient-il plus du triste anniversaire
Qui couvre encor ces murs d'un voile funéraire?
Un an s'était traîné dans toute sa lenteur,
Depuis que vous braviez un bruit accusateur.
La nuit était venue, et l'ombre et le silence
Enhardissaient le crime à quelque confidence.
Vous frappez mes regards dans cette nuit d'effroi,
Ou plutôt un fantôme, un spectre est devant moi.
Vos yeux, bien qu'entr'ouverts, s'égarant dans le vide,
A vos pas incertains ne servaient pas de guide.
Vos lèvres s'agitaient sans former aucun son;
Votre corps chancelant tremblait sous le frisson,
Et malgré les transports que vous laissiez paraître,
Vos esprits ne veillaient, ni ne dormaient peut-être.
D'une torche, empruntant l'inutile secours,
Votre marche suivait aveuglément son cours,
Et comme aiguillonnée à force d'épouvante,
Dans l'asile des morts vous entraînait vivante.
Tout-à-coup de vos mains s'échappe le flambeau:
Votre pied de Lothaire a heurté le tombeau,
Et du funèbre autel comprenant la menace:
Grace! répondez vous...

ÉMINE.

O terreur!

BLANCHE.

Grace! grace!
Le fantôme à ces mots dans l'ombre disparaît,
En me laissant l'horreur de votre affreux secret.

ÉMINE.

(*à part.*)
Elle sait tout. Eh bien, comblons le sacrifice!
(*haut.*)
Sans doute je pourrais, employant l'artifice,
De démence accuser mes esprits éperdus,
Ou douter de ces cris par vous seule entendus;
Les désavouer même, et conserver sans tache
Ces honneurs, cette gloire où mon bonheur s'attache.
Mon bonheur!... Qu'ai-je dit? Mais peut-être en effet
Vous dois-je le tableau d'un bonheur si parfait,
Si tranquille, si pur! Armez-vous de courage,
Si vous voulez, madame, en supporter l'image.
Dix-huit ans vertueuse et fidèle au devoir,
J'étouffai dans mon sein la fureur du pouvoir.
D'un prince belliqueux, d'un fils de Charlemagne,
Je me plus dix-huit ans à vivre la compagne.
Mais l'âge de l'amour glaça la passion,
Et de ses feux éteints naquit l'ambition.
Un sombre égarement s'empara de mon être.
Dès que dans mon époux je ne vis plus qu'un maitre,
Comme vous j'enfantai des soucis dévorants,
Comme vous je rêvai de fers et de tyrans,
Et comme vous encor, pour sortir d'esclavage,
Dans mon affreux espoir j'appelai le veuvage.
On n'attend pas long-temps un tel libérateur:
Mon époux expira! Vous reculez d'horreur.
Jusqu'au bout cependant, ma fille, il faut m'entendre...
Il mourut. Je ne veux et je ne puis prétendre
Vous cacher mon forfait plus que mon repentir:

Je dois compte à l'enfer de son dernier soupir!

BLANCHE.

Vous l'avouez enfin, madame!

ÉMINE.

Mon audace
Du trône, quelques mois, seule a rempli l'espace;
Je régnais, mais mon fils règne dès aujourd'hui;
Hélas! le crime reste et la puissance a fui!
Savez-vous quels tourments mon attentat m'impose?
J'ai besoin de gémir; je veux prier, je n'ose;
Le ciel pourrait m'entendre, et se réveillerait.
Je dévore mes pleurs, la terre les verrait.
Mon repos se berçait jadis de doux mensonges:
Je n'ose plus dormir, jugez quels sont mes songes!
Du fardeau de mes jours je voulus m'affranchir,
Lothaire m'attendait, et je n'osais mourir!
Je crains vivants et morts, et je me crains moi-même.
Pour une mère enfin, ô terrible anathème!
O le plus grand des maux qui la puisse accabler!
Mon fils en m'embrassant, mon fils me fait trembler!
Mais devant la nature est-ce à tort que je tremble?
Tout m'accuse, mon cœur, le ciel, la terre ensemble.
Écoutez, écoutez, je ne m'abuse pas;
La terre pousse un cri sous chacun de mes pas;
Ces murs rompent pour moi leur éternel silence,
Et dans nos temples saints, l'airain qui se balance,
Et la tombe muette, et la foudre, et moi, moi,
Parricide! tout dit: Parricide!

BLANCHE.

Tais-toi!

ÉMINE.

Lothaire est là... De moi que voulez-vous encore?
Que montrez-vous? des feux dont le souffle dévore,
Des gouffres menaçants, des supplices affreux;
Il ne me reste plus de souffrances pour eux!
Je fus votre bourreau, vous fûtes ma victime;
Mais du temps qui n'est plus puis-je effacer mon crime?
Pardonne! Il est trop tard! Qu'ai-je vu? je me meurs!

(*elle tombe dans les bras de Blanche.*)

BLANCHE.

Vivez, et tous mes soins consolant vos douleurs...
Elle ne m'entend plus!.. Grand Dieu! son corps se glace,
Son cœur reste immobile; expire-t-elle?

ÉMINE.

Grace!

BLANCHE.

Qui la refuserait à tant de maux soufferts?
Émine!

ÉMINE, *reprenant ses sens.*

Où sommes-nous?..... Je reviens des enfers!

BLANCHE.

Je ne résiste plus à sa douleur amère;
Je vous plains, je vous aime, et j'embrasse ma mère!

ÉMINE.

Vous connaissez mon crime, et je suis dans vos bras!

BLANCHE.

Ma mère, je vous dois plus que la vie!

ÉMINE.

Hélas!
Je vous comprends. Le ciel s'apaise aussi sans doute,
Puisque de votre cœur il m'enseigna la route;
Ah! s'il n'eût pardonné, comblant mon désespoir,
Il me privait d'un fils...

BLANCHE, *avec tendresse.*

Ma mère, allons le voir!...

FIN DU TROISIÈME ACTE.

ACTE QUATRIÈME.

SCÈNE I.

BLANCHE, ISABELLE.

ISABELLE.

Dans quel enchantement votre récit me plonge!
Ce calme inespéré me semble encore un songe.
Quoi! jamais de l'orgueil les renaissants transports
Ne vous rendront....

BLANCHE.

(*à part.*)

Jamais.... je crains trop le remords!

ISABELLE.

O vierge de douleurs qui connus mes alarmes,
Qui comptas mes soupirs, qui recueillis mes larmes,
Je te rends grace!... Ainsi tout entière au devoir,
Vous le fuirez.....

BLANCHE.

Comment pourrais-je le revoir?
Le monarque offensé ne se fit point entendre;
L'époux seul me parla. Son reproche était tendre:
Son front pâle à ma voix se colora soudain;
Son regard s'anima, son sein pressa mon sein:
Il m'aime aussi, ma sœur! et tandis que son ame
S'échauffant, s'embrasant d'une pudique flamme,

Consacrait notre hymen et ses droits triomphants,
Émine, tout en pleurs, bénissait ses enfants.
Telle fut leur vengeance! Et moi toujours coupable,
Inflexible au pardon dont la grandeur m'accable,
Dédaignant le pouvoir qu'il partage avec moi,
J'outragerais l'époux et trahirais le roi!
Ah! si mon sein brûlant où couvaient tant de crimes,
N'étouffait son ardeur, ses feux illégitimes,
Tu verrais cette main et ce fer tout fumant
Y porter le remède avec le châtiment.

SCÈNE II.

BLANCHE, ISABELLE, CHARLES.

CHARLES, *apercevant la reine, et voulant s'éloigner.*

Blanche!

BLANCHE.

Du trône encore elle n'est point bannie,
Seigneur; au cœur du roi votre audace impunie
Sema la défiance et des soupçons jaloux;
Qui les mérite ici pourtant, si ce n'est vous;
Vous, dont l'ambition se nourrit d'un vain rêve?
Mon époux désormais connaît le poids d'un glaive;
Et l'unissant au sceptre, il saura dans sa cour
Des maires du palais prévenir le retour.

(*Blanche et Isabelle sortent.*)

SCÈNE III.

CHARLES.

Du mépris d'une femme on peut braver l'injure,
Quand il cache si mal les apprêts du parjure.
Triomphante en espoir, sa flamme insolemment
M'immole avec l'époux aux projets de l'amant.
Blanche veut que fidèle à son destin funeste,
En nous, de Charlemagne il éteigne le reste.
Ce rêve seul est vain. Mon or, loin de ces murs,
Retient leurs partisans, leurs appuis les plus sûrs,
Les soldats. Ce retard, à mes projets utile,
Rend d'un vil favori la perte plus facile.
De Louis, quelques jours forment tout l'avenir;
Qu'il frappe Hugue, alors ses maux peuvent finir.
Sa mort, de mes aïeux m'assure l'héritage;
Que des prélats, des grands, la voix me prête hommage.
Vainement leur orgueil repousserait ma loi:
Le glaive des Germains me répond de leur foi.
Louis vient, osons tout, et mon règne commence.

SCÈNE IV.

CHARLES, LOUIS.

LOUIS.

C'est vous, Charles: mon cœur cherchait votre présence,
Il sentait le besoin de vous interroger.

CHARLES.

Sire, on ne parle plus en face du danger,
On agit.

LOUIS.

Qu'ai-je à craindre?

CHARLES.

Aux rives du Bosphore,
Le fer vient d'immoler l'empereur Nicéphore,
Et sur son corps fumant l'assassin règne en paix;
Le trône de Byzance est le prix des forfaits!

LOUIS.

Il règne en paix! Des feux que l'enfer nous prépare,
Le Juge des humains, dit-on, n'est pas avare:
Et pourtant un pervers les brave tout sanglant,
Tandis que ma vertu n'y songe qu'en tremblant.
Mais d'un crime si bas Hugues n'est point capable;
Sa piété...

CHARLES.

Lui rend l'Église favorable.

LOUIS.

Son appui...

CHARLES.

Vous abaisse.

LOUIS.

Invincible au combat,
Il sert ma gloire.

CHARLES.

Il est l'idole du soldat:
Il peut frapper; la proie à ses coups est offerte.

LOUIS.

Quand on vous accusait, vous, de tramer ma perte,
Il vous justifia d'un si lâche dessein;
La générosité n'est pas d'un assassin.

CHARLES.

Quand Lothaire mourut, vertueux en maximes,
Il couvrit son trépas de regrets magnanimes;
Sur sa tombe il jura de vous servir d'appui,
Et cette tombe encor serait vide sans lui!

LOUIS.

La main qui me défend m'aurait privé d'un père!
Qu'elle m'arrache donc ce sceptre qu'elle espère.
Fatigué de soupçons, las de craindre toujours,
Je traîne en chancelant le fardeau de mes jours;
Il pèse comme un joug à ma force abattue:
J'implore de vous tous un bienfait... qu'on me tue!

CHARLES.

Ah! cachez-lui ces vœux, ces souhaits de trépas
Que peut-être en sa haine il n'accomplirait pas;
Du fer ou du poison desirez le supplice.

LOUIS.

Qu'oserait-il de plus?

CHARLES.

S'il est vrai qu'un cilice
En tombant sur la pourpre en dépouille les rois,
Ne peut-on dans un cloître ensevelir vos droits?

LOUIS.

Sur mon trône, échappant aux vains bruits de la terre,
Que de fois j'y rêvai la paix du monastère!

Mais en descendre en lâche, à la voix d'un vassal,
Sous d'infames ciseaux courber mon front royal,
Jamais, Charles, jamais!

CHARLES.

Alors songez à vaincre.

LOUIS.

A punir.

CHARLES.

Du péril sachez mieux vous convaincre.
Hugue a plus d'un complice, il en est un sur-tout...
Je vais vous offenser.

LOUIS.

Le danger vous absout,
Poursuivez.

CHARLES.

Ses complots vous disputent la France,
Et Blanche du succès flatte son espérance.

LOUIS.

Qu'entends-je!... épargnez-moi de si honteux soupçons.

CHARLES.

Prince, souvenez-vous des joutes de Soissons.

LOUIS.

Charles!

CHARLES.

Souvenez-vous que leur tendresse...

LOUIS.

Charle!

CHARLES.

Il y va de vos jours, sire, il faut que je parle.

Je vis Blanche au tournoi, je vis son tendre accueil
Arracher le vainqueur aux tristesses du deuil.
Pour elle et son époux je m'efforçai de croire
Que son cœur ne cédait qu'à l'amour de la gloire.
Son départ me détrompe.

LOUIS.

Elle reste pourtant.

CHARLES.

Qui? Blanche!

LOUIS.

Elle est soumise, et mon trône l'attend.

CHARLES.

Puissiez-vous à ce prix conserver la puissance!
Mais Hugue en est-il moins las de l'obéissance?
Par quelqu'autre complot il va se consoler.
Que dis-je? en Aquitaine il brûlait de voler,
Quand Blanche espérait fuir la royale demeure;
Ses adieux en font foi; Blanche reste, il demeure.

LOUIS.

Quel rapport! est-ce là le sens de cet écrit
Dont la vague menace accable mon esprit?
(*Il prend le parchemin qui était caché dans son sein.*)
On prétend me ravir plus que mon diadème,
Plus que mes tristes jours; c'est l'honneur, l'honneur même!
S'aiment-ils en effet? Prouvez-le, je crois tout.

CHARLES.

Enfin votre justice à frapper se résout.

LOUIS.

La preuve.

CHARLES.

Vous l'aurez; si des retards parjures
Ne vous ont point appris à venger vos injures;
S'il vous faut plus encor, forcez donc leur amour,
Qui menace dans l'ombre, à paraître au grand jour.
Isabelle de Blanche est la fidèle image;
Son cœur de plus d'un prince a dédaigné l'hommage;
Un seul en semblait digne; à son ambition
Vous vous étiez promis d'offrir cette union,
Que tardez-vous?

LOUIS.

De Hugue agrandir la puissance,
Récompenser le crime, opprimer l'innocence:
Quels discours! quels conseils! Si quelqu'autre l'osait...
Lui l'époux d'Isabelle....

CHARLES.

Et s'il la refusait?

LOUIS.

Perdez, perdez l'espoir d'un refus impossible.

CHARLES.

Qu'il l'accepte; et soudain j'entends Blanche terrible,
Demandant le trépas d'un infidèle amant,
Amener pour tous deux l'heure du châtiment.

LOUIS.

Il faut de ce mystère approfondir la honte.

(*aux gardes*).

Je ne suis plus que roi: qu'on appelle le comte!

CHARLES.

Point de pitié coupable! Eh! ne voyez-vous pas,

Tandis que son amour captive ici ses pas,
Que dans Reims son armée insolemment s'arrête?
Veut-il vous disputer aussi cette conquête?
Faut-il partout en lui voir votre heureux rival?

LOUIS.

Rival, vous le perdez par ce titre fatal!

CHARLES.

Réprimez ces transports, seigneur; j'entends la reine.

LOUIS.

La reine, dites-vous?... Quelle clarté soudaine!
Je veux tout à la fois... Demeure, et que tes yeux
Percent comme les miens ce mystère odieux.

SCÈNE V.

CHARLES, LOUIS, BLANCHE.

BLANCHE.

Ah! sire, des vassaux l'hommage volontaire
De mes droits reconnus enfin est tributaire;
Le soldat, à ma vue, incline ses drapeaux;
Pour moi le ménestrel trouve des chants nouveaux;
Que d'honneurs! Pardonnez si mon ame en est vaine;
Ce jour est le premier, seigneur, où je suis reine!

LOUIS.

Des rigueurs du passé perdez le souvenir;
Que nos pensers, nos vœux soient tous pour l'avenir.

BLANCHE.

Non, vous n'obtiendrez pas sur moi cette victoire;
De mes torts passagers l'éternelle mémoire
Me reste.

LOUIS, *avec ironie.*

Un repentir, un regret si profond,
Si sincère, me touche autant qu'il me confond.
Tel est de la vertu l'irrésistible empire!
Mais, Blanche, ce retour, qui l'a causé?

BLANCHE, *à part.*

Que dire?

(*haut.*)
Toujours j'aimai la gloire, et long-temps ma froideur
De nos communs destins méconnut la splendeur.
Mais de tout leur éclat vous m'avez su convaincre;
Vous commandez en maître, et vous venez de vaincre:
Vous avez revêtu la dignité d'un roi,
Et triomphé de Reims, et d'Émine, et de moi.
Comme nous, votre mère, heureuse d'espérance,
Invoque l'Éternel pour son fils, pour la France,
Pour moi, même pour moi, qui troublant votre cour...
Ah! seigneur, songe-t-elle aux fêtes du retour?
Peut-être en son absence un vassal les ordonne;
C'est à moi d'honorer l'offensé qui pardonne,
De reconnaître enfin par mes soins empressés
Tous les dons, tout l'éclat, que sur moi vous versez.

LOUIS.

(*à part.*) (*haut*).
Que croire? Poursuivons. Blanche, cette journée
Doit régler à jamais plus d'une destinée.
Votre mère est mourante, et l'art de nos devins
Ne promet à ses maux que des remèdes vains.
Mais votre sœur nous reste; Isabelle orpheline

Verrait suivre son deuil d'une prompte ruine.
Pour assurer ses droits sur des vassaux jaloux,
Pour imposer au Maure, il lui faut un époux.
C'est nommer Hugues.

BLANCHE.

Lui!...

CHARLES, *à part.*

Je réponds de l'épreuve.

BLANCHE.

Mais ma mère, seigneur, ma mère quoique veuve,
De la rébellion sut détourner les coups;
Ma sœur saura comme elle...

LOUIS.

Il lui faut un époux.

BLANCHE.

Et si Hugues balance?

LOUIS.

On ne doit pas le craindre;
Il l'aime.

BLANCHE.

(*à part.*)

Je vous crois. Ah! qu'il en coûte à feindre!

SCÈNE VI.

CHARLES, LOUIS, BLANCHE, HUGUES.

HUGUES.

Avare de clartés, le ciel n'a point permis
Que Hugue en traits de sang marquât vos ennemis;

Incertaine, sa main dut rester inactive.

LOUIS.

Je n'avais rien prescrit.

HUGUES.

Vous me mandez, j'arrive.

CHARLES.

Que d'orgueil!

LOUIS.

Aux vassaux toujours prêts à trahir,
Il est bien de donner l'exemple d'obéir.
Si déja près de lui votre roi vous rappelle,
C'est qu'il sent tout le prix d'un sujet si fidèle;
Et que ses mains encor vous gardent des bienfaits.

HUGUES.

En voulant qu'aux périls je guide les Français,
Vous m'avez agrandi la lice de la gloire;
Je suis, par votre choix, doté de la victoire;
Et m'imposant l'honneur d'un illustre trépas,
Vous voulez plus encor, vous ne le pouvez pas.

LOUIS, *à Blanche.*

De ses desirs secrets vous savez le mystère,
Vous connaissez son cœur.

BLANCHE.

Qui? moi!

LOUIS.

Pourquoi le taire?
Confondez-le d'un mot, prouvez lui que son roi
Peut toujours d'un vassal récompenser la foi.

BLANCHE.

Mais....

LOUIS.

Je le veux.

BLANCHE.

Comptez sur mon obéissance.

LOUIS, *à Charles.*

Et c'est pourtant ainsi que parle l'innocence!

BLANCHE.

(*à part.*) (*à Hugues.*)
Moment affreux! Seigneur, quand du royal bandeau
Louis à ma faiblesse imposa le fardeau,
Je dus, à tant d'honneur me livrant sans partage,
Des états paternels abdiquer l'héritage:
Et ma sœur aujourd'hui succédant à mes droits,
De Clermont à Bordeaux va dispenser des lois..
Mais les pénibles soins d'une grandeur naissante,
Mais du Maure impuni l'audace envahissante,
Mais de mille vassaux la rebelle fierté,
Et sa candeur, son âge, et même sa beauté,
Tout réclame pour elle un défenseur, un guide.

HUGUES.

Pourquoi ces vains détours d'un langage timide?
Craignez-vous que nos preux, démentant leur valeur,
Ne sachent plus comprendre un appel à l'honneur?

BLANCHE.

Seigneur, puis-je espérer, sans être téméraire,
Que des plus nobles soins on daigne se distraire?
Des droits de ma maison quel chevalier jaloux

Appuiera?...

HUGUES.

Je croyais qu'il était devant vous.

BLANCHE, *à part.*

O surprise!

LOUIS, *bas à Charles.*

Il accepte.

BLANCHE.

On voit à ce langage
Qu'Isabelle est le prix qu'attend votre courage,
Et que l'amour fixant vos vœux irrésolus...

HUGUES.

J'aspire à la défendre et ne veux rien de plus.

BLANCHE.

Quoi! vous refuseriez le don de l'Aquitaine,
Et la main de ma sœur?

CHARLES, *à part à Louis.*

Voyez sa joie.

HUGUES.

Oui, reine.

CHARLES.

Cet aveu suffit-il?

LOUIS.

Le crime est trop certain.

HUGUES.

Sire, dans tous vos traits quel changement soudain!
D'une jeune beauté j'embrasse la querelle;
Aussi bien que pour vous je puis mourir pour elle:
Tels sont d'un chevalier le devoir et les droits;

Mais vendre mes secours est plus que je ne dois.

CHARLES, *s'avançant.*

Le moment est venu, sire, de vous apprendre
Que des amis pervers un roi doit se défendre.

LOUIS.

Je le sais.

CHARLES.

Que vos jours devant Reims menacés
Ont ici retrouvé le péril.

LOUIS.

Je le sais.

CHARLES.

Qu'un perfide, à l'abri d'un rang qu'il déshonore,
Cherche à vous immoler.

BLANCHE.

Ciel!

LOUIS.

Je le sais encore.

CHARLES.

Que son crime a parlé dans ses propres aveux.
Et ce traître, seigneur, le voilà.

HUGUES, *tirant à demi son glaive.*

Malheureux!

LOUIS.

Quoi! devant votre maître!

HUGUES.

En effet je m'oublie;
(*en montrant Charles.*)
Le bras est énervé quand l'ame est avilie :

Je ne le vaincrai plus.

LOUIS.

Mais vous lui répondrez.

HUGUES.

Non.

LOUIS.

Le devoir l'ordonne et vous y cèderez.

HUGUES.

Non.

LOUIS.

Justifiez-vous.

HUGUES.

Et quel est donc mon juge?
Un roi qui s'abandonne à la foi d'un transfuge!
Je ne l'accepte point.

BLANCHE, *à Charles.*

Mais vous, mais vous, seigneur,
Qui sur tant de lauriers jetez le déshonneur,
C'est peu que d'accuser, il faut prouver la trame.

SCÈNE VII.

CHARLES, LOUIS, GONTRAN, BLANCHE, HUGUES; *deux Serfs chargés d'ornements d'église.*

GONTRAN.

La preuve? aux pieds du roi, je l'apporte, madame.

CHARLES, *à part.*

Qu'ose-t-il?

BLANCHE, *à part.*

Je frémis.

LOUIS.

Parle.

HUGUES.

C'est trop tarder.

GONTRAN.

Hugues n'a pas encor le droit de commander.
Mais cét empressement est peut-être une ruse;
Déja saurait-il donc que c'est lui que j'accuse?

HUGUES.

Charles! Charle!...

GONTRAN.

Oui, seigneur, il veut nous perdre tous:
Vous n'avez plus d'armée et Reims n'est plus à vous.
Du temple, où votre front reçut l'huile sacrée,
En vain votre défense interdisait l'entrée.
Par un ordre secret dans le temple conduits,
Les défenseurs du trône, intimidés, séduits,
De la rébellion ont fait l'apprentissage,
Et leur fidélité s'est vendue au pillage.
L'or des Juifs marchanda leur crime et les trésors
Arrachés à l'autel, à l'asile des morts....

LOUIS.

Ciel!

GONTRAN.

Voilà les garants d'un sacrilége impie!
Et quand de vos soldats l'avarice assoupie
S'éloigna des lieux saints, triomphante de Dieu,

Vive Hugue! il est roi! fut leur coupable adieu.

LOUIS.

Eh bien, duc des Français, mon soupçon?

HUGUES.

Il m'indigne.

LOUIS.

Que d'audace! mon nom, mon rang...

HUGUES.

Soyez-en digne.

LOUIS.

Des plus hautes faveurs voilà donc les effets!

HUGUES.

Sachez mieux me connaître, et gardez vos bienfaits.
Ce n'est pas dans les dons que le trône dispense
Que le guerrier toujours trouve sa récompense.
A l'espoir des Germains, quand j'arrachai Paris,
Du salut des Français me paya-t-on le prix?
Je le conquis moi-même, et ce prix fut la gloire;
Vous l'avez oublié.

LOUIS.

J'en garde la mémoire:
Sans un tel souvenir vos bras chargés de fers...

HUGUES.

Ah! vous ne croyez pas qu'on les aurait soufferts.

LOUIS.

Ton père criminel jadis dut-il combattre
Pour retenir captif mon aïeul Louis-Quatre?
C'était son roi pourtant! Encore un mot, un seul,
Et je venge sur toi l'affront de mon aïeul.

HUGUES.

Ce que l'honneur prescrit, pouvez-vous le défendre?
Ce mot, il faut le dire, et vous allez l'entendre:
Vous n'avez désormais d'autre soutien que Dieu;
Qu'il veille sur la France et sur vous-même!... Adieu.
(*Il sort.*)

SCÈNE VIII.

LOUIS, CHARLES, BLANCHE, GONTRAN.

CHARLES.

Je le suis, et la mort retrouvera, j'espère,
Dans l'ennemi du fils l'empoisonneur du père.
(*Charles et Gontran sortent.*)

SCÈNE IX.

LOUIS, BLANCHE.

BLANCHE.

Prince, il parle de meurtre, et vous ne courez pas
Prévenir ses fureurs et désarmer son bras?

LOUIS.

Ce trouble à mes soupçons n'est plus inexplicable;
La vérité va luire, et malheur au coupable!

BLANCHE.

Charles, jadis rebelle, aujourd'hui délateur,
D'un crime imaginaire invente aussi l'auteur.
Chaque moment qui fuit ajoute à mes alarmes.
Pour épargner son sang s'il ne faut que des larmes,

Voyez... Que de sa gloire, un héros soit absous;
Vous faut-il plus encor? je suis à vos genoux:
J'y suis, j'y resterai, tant que votre justice...

LOUIS.

Vous l'aimez!

BLANCHE.

Moi! seigneur.

LOUIS.

Vous l'aimez!

BLANCHE, *à part.*

O supplice!

(*haut.*)
Non, dis-je! songez bien qu'en égarant vos coups,
Charles, qui vous trahit, ne veut perdre que vous.
A son dernier adieu si le comte est fidèle,
Si loin de raffermir un trône qui chancelle,
De son bras protecteur il retire l'appui,
Jugez-vous : dès demain que serez-vous sans lui?

LOUIS.

Roi pour tous mes sujets, pour lui juge implacable.
Mais j'écoute, achevez, et malheur au coupable!

BLANCHE, *se levant.*

Je te connais enfin; tu veux par tes retards
Frayer jusqu'à son cœur une route aux poignards;
Et qu'un monstre, déja sous les foudres de Rome,
Comble ses attentats par la mort d'un grand homme.
Sais-tu quel est Capet? son crime, le sais-tu?
Pour l'apprendre, arme-toi de force et de vertu;
C'est trop peu que des fers, que le trépas l'expie:

Son crime est de t'avoir vingt fois sauvé la vie.
Et son sang va couler, va couler à ta voix;
Tu n'es plus qu'un bourreau tombé du rang des rois!
Crains l'avenir; je vois l'impitoyable histoire
D'un titre flétrissant poursuivre ta mémoire,
Et ton nom n'arriver jusqu'à nos derniers fils,
Que traîné par le temps de mépris en mépris.

LOUIS.

D'un traître, ces transports m'attestent les parjures;
Votre sang et le sien vengeront mes injures.

BLANCHE.

Mais l'enfer à son tour nous venge des tyrans;
Je ne sens plus mes maux, les tiens seront plus grands!

LOUIS.

L'enfer! a-t-elle dit; je frissonne, je tremble...
Ne puis-je être inflexible et chrétien tout ensemble?
(*prenant le bras de Blanche.*)
Si Hugue est innocent, vous l'êtes à demi;
Prouvez-le, sauvez-vous, rendez-moi mon ami.

BLANCHE.

Que faut-il faire?

LOUIS.

Il est près des lieux où nous sommes
Un tribunal secret, où Dieu juge les hommes;
Où le prêtre, sondant jusqu'aux replis du cœur,
Ne punit que le crime et pardonne à l'erreur.
Au banquet du salut si sa voix vous convie,
Si du vin rédempteur, si du pain de la vie,
Votre bouche s'approche, alors d'un doute affreux

6.

Je secoue à jamais le fardeau douloureux.

BLANCHE.

Par ce doute immolé, Hugues meurt sans défense.

LOUIS.

Gardes, courez de Charle enchaîner la vengeance!

(*Les gardes sortent.*)

Leur aspect à l'autel ne nous troublera pas.

Venez.

BLANCHE.

Déja, seigneur?

LOUIS.

J'y vais guider vos pas.

BLANCHE.

J'espère du pontife un accueil favorable;
Mais si mon repentir le trouve inexorable?

LOUIS.

Quoi!

BLANCHE.

S'il refuse?...

LOUIS.

Alors je dois punir, tremblez:
Les bourreaux tiendront lieu des prélats assemblés,
Pour briser à jamais une odieuse chaîne.
Songez que Brunehaut comme vous était reine!

BLANCHE.

Grand Dieu!... sous un coursier ses membres dispersés...

LOUIS.

Venez, ou cette mort...

BLANCHE.

Que faire?

LOUIS.

Obéissez,

Ou deux fois son supplice épouvantant le monde...

BLANCHE.

(*à part.*)

Ah!... Dans ta Brunehaut crains une Frédégonde!

FIN DU QUATRIÈME ACTE.

ACTE CINQUIÈME.

SCÈNE I.

HUGUES CAPET, ADHÉMAR, GEOFFROY,
GARDES DE LOUIS, SOLDATS, UN SERF.

ADHÉMAR, *à Hugues.*

Oui, Charles, par nos mains, au gré de son courroux,
Voulait qu'avec des fers la mort tombât sur vous.
Tout en balbutiant ses ordres téméraires,
Le transfuge oubliait que les Français sont frères;
Et que nos légions enfantent des héros,
Et non de vils geôliers ou d'infames bourreaux.
Les serfs, qu'il écrasait de mépris et de haines,
A ses bras frémissants ont imposé des chaînes;
Juste retour! Du trône il invoque l'appui;
Mais ce trône chancelle et peut cheoir avec lui.

GEOFFROY.

C'est à nous, Adhémar, que la Seine a vu naître,
A nous, vassaux de Hugue, à venger notre maître.
Louis entendit Charle et n'osa point punir.
C'en est trop, d'un enfant le règne doit finir!
Qu'au moment du péril sa garde l'environne;
Notre honneur le prescrit, votre devoir l'ordonne;
Et vainqueurs ou vaincus, toujours dignes de nous,
A leurs sanglants effets reconnaissons nos coups!

UN SERF.

Vous, qui hors des humains nous rejetez sans cesse,
Souffrez que, de son sort démentant la bassesse,
Un serf se fasse entendre à ses fiers suzerains.
Charle est captif : ses fers, il les doit à mes mains :
Mais je cherchais la mort en bravant sa furie.
Peut-être est-il là-haut pour nous une patrie !
D'un monarque nouveau vous voulez faire choix.
Quel inutile soin ! N'êtes-vous pas tous rois ?
Cependant si nos maux, si les vœux de la France
(*montrant Hugues*)
Sont consultés jamais, voilà votre espérance !
Nous brûlons de mourir en vengeant ses affronts,
Et s'il faut plus encor pour ce roi nous vivrons !

ADHÉMAR.

Courons donc sur le trône arborer sa bannière !

GEOFFROY.

Qu'un cloître ouvre à Louis sa porte hospitalière !

LE SERF.

Que ce jour nous arrache à nos calamités !

GEOFFROY.

Jurons hommage au roi !

TOUS, *excepté Hugues, tirant leurs glaives.*

Je le jure !

HUGUES.

Arrêtez !
De l'hospitalité trahissant la loi sainte,
Quand Louis en cachot changerait cette enceinte,
Quand aux trésors de Charle il vendrait mon trépas,

Ce fer, dans son palais, ne l'en punirait pas.
Je dois, servant encor la grandeur souveraine,
Choisir pour le combattre une plus noble arène.
Entre Laon et Paris, il est des champs d'honneur;
C'est-là qu'il faut, du sort méritant la faveur,
Ou tomber sans murmure, ou vaincre sans menaces.
La reine! Éloignez-vous.

(*Les soldats et le peuple se retirent.*)

SCÈNE II.

HUGUES, BLANCHE.

BLANCHE.

Ne suit-on pas mes traces?

(*à part.*)
C'en est fait!

HUGUES.

En désordre où portez-vous vos pas?
Qui cherchez-vous? parlez!

BLANCHE.

Vous.

HUGUES.

Se peut-il?

BLANCHE.

Plus bas!

HUGUES.

Qu'ai-je à craindre?

BLANCHE.

Un tyran.

HUGUES.

Les tyrans? je les brave!

BLANCHE.

Monarque, il règne encor!

HUGUES.

Suis-je donc son esclave?
Quels étranges discours, quelle vaine terreur!

BLANCHE.

Il vous croit dans ses fers, laissons-lui son erreur.

HUGUES.

Dans ses fers, moi!

BLANCHE.

Vous même.

HUGUES.

Il suffit, plus de doute;
Il faut que je me venge!

BLANCHE.

Il faut m'entendre, écoute.
Ses crimes, à son trône, ont consacré tes droits,
Qu'il en tombe! La mort est juste quelquefois.

HUGUES.

La mort!

BLANCHE.

Il espérait que d'un ciel inflexible,
J'implorerais en vain un pardon impossible.

HUGUES.

Oui, je sais que placée entre le prêtre et lui,

De ce culte d'amour, qu'il souillait aujourd'hui,
Qu'il rendait par sa rage instrument de colère,
Vous avez accompli le plus sacré mystère :
Et qu'alors votre époux, qui desservait l'autel,
Oubliant et le prêtre et l'hymne solennel,
La bouche, de fureur encore frémissante,
Murmura lentement : Je vous crois innocente.

BLANCHE.

C'est tout ce que tu sais.

HUGUES.

Tout.

BLANCHE.

Je t'en dirai plus.
Du banquet des chrétiens, redoutant d'être exclus,
Pour avoir profané, Dieu, son culte, et son temple,
Louis aux pieds du prêtre imite mon exemple.
Avec faste il s'accuse. Ah! qu'il nous haïssait!
Jusqu'en son repentir sa voix nous menaçait :
Et tout en l'écoutant, ma main mal assurée
Remplissait d'un vin pur la coupe consacrée.
Là, sous l'œil du seigneur, près du saint tribunal,
Je sentis de mes doigts fuir l'anneau nuptial;
Dans la coupe il tomba!...

HUGUES.

Quel souvenir l'assiége!

BLANCHE.

Et c'était à l'autel!

HUGUES.

A l'autel?

BLANCHE.

Sacrilége!

HUGUES.

Blanche!

BLANCHE.

Eh quoi! ta main tremble et se glace d'effroi?
Cache bien mon secret s'il est connu de toi,
Si tu sais... Dieu! telle est l'horreur qui me domine,
Qu'en m'écoutant parler je reconnais Émine!

HUGUES.

Serait-ce de remords que ce cœur accablé?...

BLANCHE.

Qui, moi? je n'ai rien dit, je n'ai rien révélé.

HUGUES.

Vous me trompez, Blanche!

BLANCHE.

Oui, trop long-temps dans mon ame,
J'ai comprimé l'essor d'une indomptable flamme.
Oui, j'ai craint trop long-temps un fantôme royal.
Ce n'est plus que de Dieu qu'un héros est vassal!

HUGUES.

Quels sont donc ses projets? de terreur je frissonne!
Croirai-je? .....

BLANCHE.

Tu pâlis! aurais-tu peur d'un trône?

HUGUES.

Ciel!

BLANCHE.

Quel bruit! que les temps se pressent d'arriver!

Mais tu portes un glaive et tu dois me sauver,
Ou plutôt c'est à moi.......

HUGUES.

Vous? je n'ose comprendre!

BLANCHE.

Tu voulais l'attaquer!

HUGUES.

Il pouvait se défendre.
Mais toi, qu'espères-tu, l'assassiner? fuis, fuis!
O bonheur! Il s'avance, il est sauvé!

SCÈNE III.

BLANCHE, LOUIS, HUGUES, ET LES GRANDS.

HUGUES.

Mon fils!
Mon roi! vous m'accusiez d'être un soldat parjure,
J'allais pour la punir justifier l'injure:
Vos jours sont en péril, vos torts sont oubliés;
Et j'accours pour combattre et mourir à vos pieds.

BLANCHE, *à part.*

Je suis perdue!

LOUIS.

O toi, toi, l'ami de ton maître,
Viens sur ce cœur trompé qui put te méconnaître.
Je t'ai vengé déja d'un de nos ennemis;
Mes soldats, dans ces murs reparaissant soumis,
De Gontran confondu m'ont prouvé l'imposture,

Et le bannissement l'a payé du parjure.

HUGUES.

Puissent tous vos dangers le suivre en son exil!

BLANCHE, *à part.*

Il m'accuse!

LOUIS.

Pourquoi me parler de péril?
Un traître est démasqué, l'autre est banni, tout change.

HUGUES.

Le monarque a puni, que le guerrier se venge!

LOUIS.

Comment?

HUGUES.

Par votre gloire et vos prospérités:
Oubliez dans les camps des complots avortés.
Le Sarrasin menace aux rivages de l'Èbre;
Venez y rajeunir un souvenir célèbre;
Et plantant l'oriflamme aux campagnes d'Urgel,
Soyez digne de vous, fils de Charles Martel!

LOUIS.

Oui, ce cœur par la gloire est facile à convaincre:
Ce bras lassé du sceptre aspire encore à vaincre.
Marchons! Mais je ne sais, tes belliqueux accents
De trop d'ardeur peut-être ont enflammé mes sens.
(*à Blanche.*)
Pour vous, dont un soupçon offensa l'innocence,
Régnez, que dans vos mains repose ma puissance.
Devant le même autel qui reçut nos serments,
Nous avons abjuré nos longs ressentiments.

Nous pouvons l'attester, Blanche, il est impossible
Que deux époux s'armant d'une haine inflexible,
Se menacent encor d'un coupable abandon
Sous la croix où du ciel est écrit le pardon.
Désormais l'avenir m'apparaît sans nuage,
Et d'un tranquille port m'offre la douce image.

HUGUES.

(*à Blanche.*)

C'est aussi mon espoir; et le vôtre s'y joint?

BLANCHE.

(*à part.*)

Oui, d'un tranquille port.... Il ne s'abuse point!

SCÈNE IV.

LES MÊMES, ÉMINE.

ÉMINE, *regardant Blanche et son fils.*

Que vois-je?

LOUIS, *s'appuyant sur Hugues et prenant la main de Blanche.*

O mes amis! ô jour trois fois prospère!

BLANCHE, *retirant sa main.*

Sa main brûle... déja!... Ciel! j'aperçois sa mère!

ÉMINE.

Elle-même, et je veux... Blanche, vous vous troublez;
Pourquoi cette pâleur, ce tremblement? Parlez.

BLANCHE.

Je ne puis m'expliquer l'effroi qui vous tourmente;
Et le calme où je suis...

ÉMINE.

Me glace d'épouvante.

(*à demi-voix.*)

Avez-vous du remords oublié la leçon?

LOUIS.

Ah! quand le ciel absout, gardez-vous du soupçon!

ÉMINE.

Plus que ta confiance et plus que le ciel même,
Crois les pressentiments d'une mère qui t'aime.
Va, devinant trop bien les dangers que tu cours,
Fût-ce au dépens des miens je sauverai tes jours.
Il en est temps encor, n'est-il pas vrai, madame?

LOUIS, *s'asseyant.*

Quel froid!

BLANCHE.

Mais ces dangers, où sont-ils?

ÉMINE.

Dans votre ame.

BLANCHE.

Eh quoi! vous nous perdez!

ÉMINE.

Je le sauve!

BLANCHE.

Craignez
De faire aussi connaître à quel prix vous régnez!
Si je disais un mot, un seul...

ÉMINE.

Fils de Lothaire,
On va te révéler un horrible mystère;

Et, plaçant mon veuvage au rang des attentats...

LOUIS.

Vous coupable! Grand Dieu!... je ne le croirai pas.

HUGUES, *à part.*

Quel sinistre entretien, que d'horreurs je soupçonne!
Que de crimes pressés autour d'une couronne!

LOUIS.

Le sommeil engourdit mes membres douloureux:
Ne me réveillez point.

ÉMINE.

Blanche!

HUGUES, *à demi-voix.*

Sommeil affreux!

BLANCHE, *seule sur l'avant-scène.*

Je n'ose contempler mon parricide ouvrage.

LOUIS, *prenant la main de sa mère.*

C'est vous, Blanche!

BLANCHE.

Il m'appelle... aurai-je le courage?...
Mes esprits sont flottants, mes pas mal assurés.
Ils me regardent tous: sortons.

ÉMINE.

Vous resterez!
Louis!

BLANCHE.

Ne parlez pas!

ÉMINE.

Je parlerai, perfide!

(*à Louis.*)
C'est moi qui préparai le breuvage homicide:
Mon bras, oui, oui, mon bras à ton père l'offrit,
Et ne s'est pas séché quand la coupe tarit!

LOUIS.

Vous?

ÉMINE.

Moi-même!

LOUIS.

Tremblez! je commence à vous croire!

ÉMINE.

Mon fils, en dévoilant la trame la plus noire,
J'obéis à la voix du sang et du remord:
Malgré toi je prétends te soustraire à la mort.

LOUIS.

Que voulez-vous de moi? j'entends à peine. Où suis-je?

BLANCHE, *à part.*

Il va mourir, sortons!

ÉMINE, *arrêtant Blanche de nouveau.*

Vous resterez, vous dis-je.
Crains Blanche, ô trop cher fils!

LOUIS.

Pourquoi la redouter?

ÉMINE.

Elle connaît mon crime, et voudrait l'imiter!

LOUIS, *retombant dans le fauteuil.*

Je comprends mes douleurs!

HUGUES.

Quelle horrible lumière!

ÉMINE.

Grand Dieu! sauve mon fils!

LOUIS.

Il est trop tard, ma mère.

ÉMINE, *immobile.*

Trop tard!

HUGUES, *à Blanche.*

Quoi! Frédégonde?....

BLANCHE.

O coup affreux!

ÉMINE.

Trop tard!

BLANCHE.

Brunehaut!

HUGUES.

Fuis, te dis-je, il te reste un poignard!

BLANCHE.

Quel effroyable adieu! Je sais ce qu'il m'ordonne :
(*montrant Louis mourant.*)
Tu m'immoles, Capet... et moi je te couronne!
(*Elle sort.*)

SCÈNE V.

LOUIS, HUGUES, ÉMINE. *Toute la cour.*

HUGUES.

Que Charles vienne! O crime! ô prince infortuné!

ÉMINE.

Trop tard! Comme son père, il meurt empoisonné.

LOUIS.

Quel serpent dans mon sein imprime sa morsure?
Le sang ne coule pas d'une telle blessure;
C'est une aride plaie, un abyme de feu.....
Que tu souffris, mon père!

HUGUES.

O martyre!

SCÈNE VI.

CHARLES, ÉMINE, LOUIS, HUGUES.

CHARLES.

Grand Dieu!
Quel spectacle d'horreur! Blanche toute sanglante,
Est là, sous son poignard encore palpitante.

HUGUES.

Juste ciel!

ÉMINE.

Blanche est morte!

CHARLES.

Un moment mes secours
A ses propres fureurs disputèrent ses jours;
Mais en nommant Capet, elle a cessé de vivre.

LOUIS.

Elle m'a devancé.

CHARLES.

Quoi! vous voulez la suivre,
(*s'apercevant de l'état du roi.*)
Vous? ô ciel!

LOUIS.

Le poison...

CHARLES.

J'ai prédit ce forfait.
Quel monstre odieux?....

ÉMINE, *s'avançant.*

Moi; mon exemple a tout fait.
Louis meurt, et sa mère est encore vivante!
Ah! l'enfer m'inspirait une vaine épouvante,
Il n'aurait su punir mon crime... il est trop grand:
Et l'époux est vengé dans le fils expirant!

LOUIS.

La nuit, par-tout la nuit... enfin mon heure sonne.
Mon père ouvre tes bras, et comme moi, pardonne!
(*tendant la main, et rencontrant celle de Hugues.*)
Adieu France! un héros, Hugues reste... Est-ce toi?
Ah! rends-la plus heureuse!...

(*Il expire.*)

ÉMINE, *à genoux.*

Il est mort!

CHARLES.

Je suis roi!

HUGUES.

Le destin peut trahir ta superbe espérance!

CHARLES, *sortant.*

J'en appelle aux Germains!

HUGUES, *toujours près du roi.*

J'en appelle à la France!

FIN.

www.ingramcontent.com/pod-product-compliance
Lightning Source LLC
LaVergne TN
LVHW010615110826
845149LV00003B/921

* 9 7 8 2 0 1 9 1 9 4 5 9 8 *